世界と日本
がわかる
国ぐにの歴史

一冊でわかる
韓国史

【監修】六反田 豊
Rokutanda Yutaka

河出書房新社

はじめに

多様な交流が積み重ねられてきた

朝鮮半島は、私たちが暮らす日本列島と〝一衣帯水《いちいたいすい》〟の関係にあります。そうした地理的条件もあって、両地域の間では古くから多様な交流が積み重ねられてきました。そして、それは今後も変わることはないでしょう。その意味で、朝鮮半島の人々が歩んできた歴史を学ぶことは、単に知的好奇心を満たすにとどまらず、私たち自身の来《こ》し方《かた》を振り返り、行く末を見据《みす》えるうえでも意義ある営みということができます。

現在、朝鮮半島は南北に分断され、2つの国家が併存しています。大韓民国（韓国）と朝鮮民主主義人民共和国（北朝鮮）です。本書は〝韓国史〟と銘打《めいう》っていますが、1948年の韓国建国以後だけを取りあつかっているわけではありません。それに加えて、先史時代から近代に至る朝鮮半島地域の歴史もコンパクトにまとめられています。本書を通じて、朝鮮半島地域の歴史の大きな流れを理解していただけるはずです。一方、本書ではふれられなかった北朝鮮の建国後の歴史については、他日を期したいと思います。

監修　六反田　豊

知ってびっくり!

韓国の4つのひみつ

初めて韓国史にふれるあなたに、意外な事実を紹介します!

ひみつ1

「コリア」という呼称は、かつての国名が由来!?

韓国のことを英語で「Korea（コリア）」と呼んでいないでしょうか。このコリアという言葉は、10〜14世紀の朝鮮半島に存在していた「高麗《こうらい》」という国がもとになっています。なお、国際連合上での朝鮮半島両国の表記は、韓国が「Republic of Korea」、北朝鮮が「Democratic People's Republic of Korea」です。

→くわしくは 90 ページへ

ひみつ2

「同本同姓」での婚姻が、最近まで禁じられていた?

現在、韓国の姓の数は日本の名字の0.1％以下、280ほどです。古来、朝鮮半島では姓とともに本貫が重視されました。氏族の発祥地である本貫と姓の両方が同じ（同本同姓）ならば、同じ氏族の一員とみなされ、同本同姓者の婚姻は最近まで法律で禁じられていました。

→くわしくは 105 ページへ

ひみつ3

つくられて数百年後に、ハングルは普及した!?

ハングルの基礎となった言葉を「訓民正音《くんみんせいおん》」といい、15世紀半ばに朝鮮王であった世宗《せいそう》によってつくられました。しかし、その当時は普及することはありませんでした。20世紀になると、民間を中心に普及が進み、現代の韓国にとっては、公用語・国語となっています。

→くわしくは 136 ページへ

ひみつ4

韓国と北朝鮮の間に、国境は存在しない!?

朝鮮半島に関するニュースなどで「国境を越えた」などという表現を聞くことがあります。ですが、韓国と北朝鮮の間に国境はありません。というのも、朝鮮戦争は休戦中であり、国境が定まっていないからです。そのため軍事境界線が、事実上、国境としてあつかわれているのです。

→くわしくは 224 ページへ

さあ、韓国史をたどっていこう!

目次

chapter 8 大韓民国の歩み

ひみつコラム

プロローグ

生まれて約70年の若い国

日本から一番近い外国、それが韓国です。正式名称を「大韓民国《テハンミングク》（だいかんみんこく）」といい、南の主要都市の釜山《プサン》から海を隔てた日本の福岡までは約２００キロメートルと、東京〜名古屋間よりも短い距離です。たがいの首都である東京〜ソウル間のフライト時間は、約2時間30分と日帰り旅行も可能です。観光庁の調べでは、２０１８年に渡韓した日本人が約３００万人、来日した韓国人が約７５０万人と過去最高を記録しました。

近年、韓国のエンターテインメントが日本で絶大な人気を誇り、韓流ドラマ、Ｋ－ＰＯＰアイドルは、とくに女性や若者を中心にムーブメントを巻き起こしています。産業に関しても、三星《サムソン》（サムスン）グループや現代《ヒョンデ》自動車、ＳＫグループといった財閥がいくつも存在し、世界に展開しています。

その一方で、日本と韓国の関係は〝近くて遠い国〟ともいわれてきました。両国には長い交流の歴史がありますが、近いからこそ、時に手を携《たずさ》え、時に競争し、時に対立し

朝鮮半島の主な地理

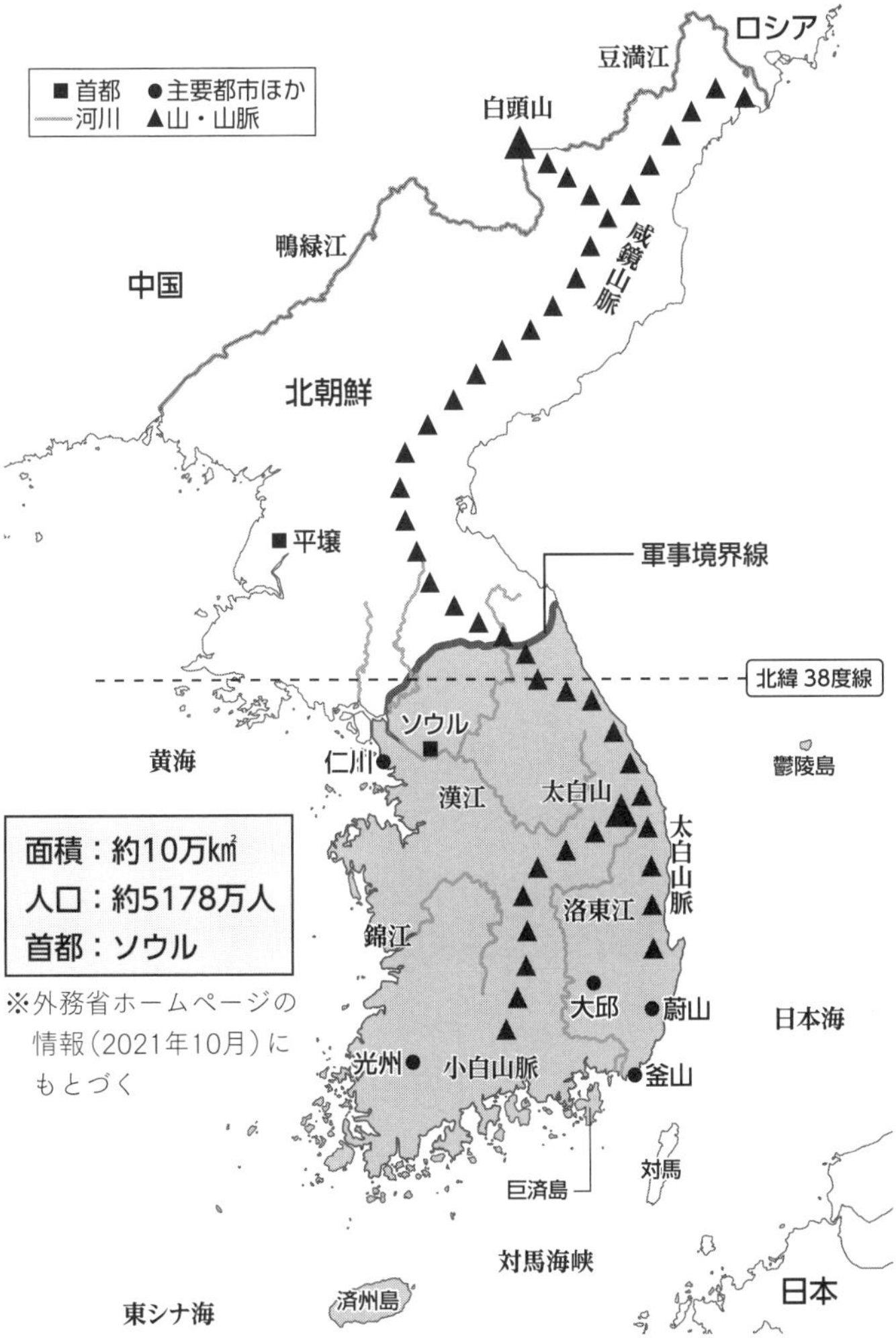
■首都 ●主要都市ほか
河川 ▲山・山脈
ロシア
豆満江
白頭山
鴨緑江
中国
咸鏡山脈
北朝鮮
平壌
軍事境界線
北緯 38度線
ソウル
黄海
仁川
鬱陵島
漢江
太白山
太白山脈
面積：約10万㎢
人口：約5178万人
首都：ソウル
※外務省ホームページの情報（2021年10月）にもとづく
洛東江
錦江
大邱
蔚山
日本海
光州
小白山脈
釜山
対馬
巨済島
対馬海峡
日本
東シナ海
済州島

てきました。現在でも、歴史認識の違いや領土に関する複雑な課題を抱え、政治的にも対立する状態が続いています。

韓国は朝鮮半島の南半分を国土としています。その面積は約10万平方キロメートル、約38万平方キロメートルの日本とくらべ、4分の1ほどの広さです。

東は日本海（韓国では東海《トンヘ》）、西は黄海《こうかい》（韓国では西海《ソヘ》）、南は対馬《つしま》海峡およびその西側の海域（韓国では南海《ナムヘ》）と三方を海に囲まれています。陸地の東側は、標高1000メートル級の山々が連なる太白《テベク》山脈が縦断しています。東部の中ほどに位置する標高1567メートルの太白山を水源に、漢江《ハンガン》が首都ソウルを横断して黄海に、洛東江《ナクトンガン》が南西に流れて対馬海峡に注いでいます。

緯度は日本と変わらず、四季があり、大陸性気候の影響を受けて寒暖の差が大きいです。夏の気温は日本とあまり変わりませんが、冬のソウルはマイナス10℃になることも多く、北海道と同じくらいの寒さとなります。もちろん、日本と同じように地域によって寒暖の差はあります。

韓国の行政区分

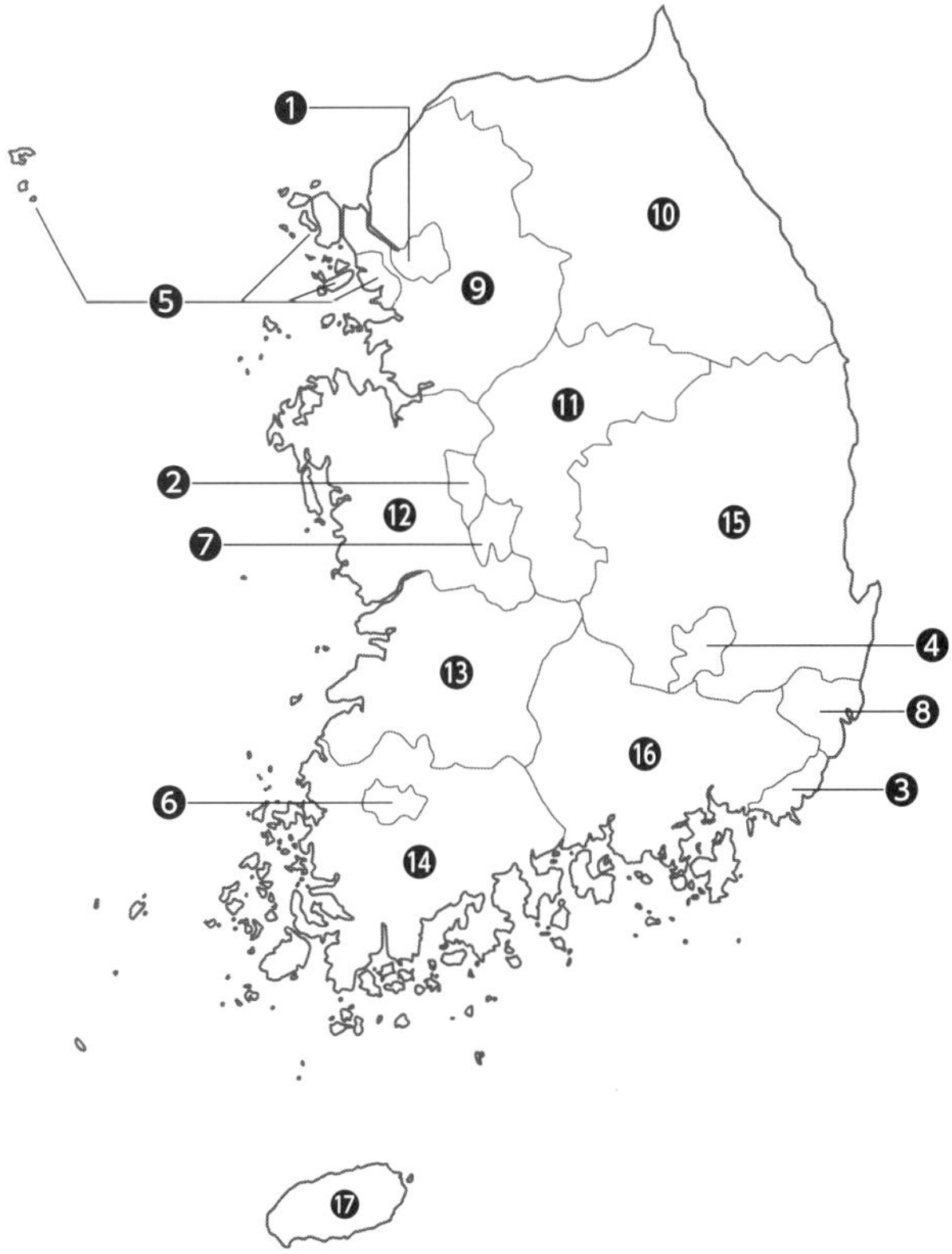

❶ソウル特別市	❺仁川広域市
❷世宗特別自治市	❻光州広域市
❸釜山広域市	❼大田広域市
❹大邱広域市	❽蔚山広域市

❾京畿道	⓭全羅北道
❿江原道	⓮全羅南道
⓫忠清北道	⓯慶尚北道
⓬忠清南道	⓰慶尚南道
	⓱済州特別自治道

※以降、「特別市」「特別自治市」「広域市」「特別自治道」という表記は略す

ところで、韓国という国の歴史といっても、1948年に建国されて70年ほどしかありません。それ以前の朝鮮半島には1つの国家が存在していましたが、1950年に起こった朝鮮戦争以来、軍事境界線を境として、韓国と朝鮮民主主義人民共和国（北朝鮮）の2カ国が存在します。

北朝鮮までを含めた場合は、北東部にある標高2744メートルの白頭山《ペクトウ》を分水嶺《ぶんすいれい》として、西に流れる鴨緑江《アムノッカン》（おうりょくこう）を境に中国、東に流れる豆満江《トウマンガン》（とまんこう）を境に中国とロシアの一部と接することになります。南北合わせた面積は約22万平方キロメートルで、日本の面積の半分ほどです。

とはいえ、現在のように南北が分断されている以前の長い朝鮮半島の歴史においても、さまざまな国が生まれては消えていきました。そもそも、韓国や朝鮮という名称も古代から使われてきた地名や民族名に由来します。つまり、韓国の歴史を知るためには、まず朝鮮半島とその周辺地域の歴史を古代からたどっていくことが必要なのです。

chapter 1

伝承上と実在の王朝

日本にも渡った先史人類

朝鮮半島の人類史は旧石器時代から始まります。旧石器時代といっても、数十万年前から約1万年前までと非常に幅があり、前期、中期、後期に分けられます。

最も古い時期の遺跡とされるのが、朝鮮民主主義人民共和国（以降、北朝鮮）の平壌《ピョンヤン》近郊にあるコムンモル遺跡です。1964年に発見され、先史人類が居住していたと思われる洞穴《どうけつ》からは石器と獣《けもの》の骨が出土しています。1978年には大韓民国（以降、韓国）の京畿道《キョンギド》で全谷里《チョンゴンニ》遺跡が発見されました。どちらの遺跡も前期旧石器時代のものとされますが、約100万年前から4万5000年前まで諸説あります。

私たちの直接の祖先にあたる現生人類（ホモ・サピエンス・サピエンス）は、約30万年前のアフリカ大陸で最初に出現し、世界に広がっていったとされています。約8万年以上前には中国大陸、約4万年前あたりには日本列島にまで進出しました。約10万年前から約3万～約2万年前までの地球は氷期にあたり、現在よりも海面が低く、大陸と地続きとなる部分が存在したことで、現生人類が大陸から日本列島に進出できたのです。

ルートとして、①樺太《からふと》→北海道　②南西諸島→九州　③朝鮮半島→本州が考えられます。少なくとも中期旧石器時代にあたる約８万年前〜約４万年前の間に朝鮮半島に現生人類が進出し、その一部は日本列島に到達していたようです。

石器時代の人々の暮らし

旧石器時代、人は洞穴や台地の上で暮らしながら狩猟生活を送っていました。その形跡は、水を得られやすい河川沿い、魚介の採取が容易な海辺で見つかっています。

後期旧石器時代は、約３万５０００〜１万年前にあたります。１９６０年代に韓国の忠清南道《チュンチョンナムド》で発見された石壮里《ソクチャンニ》遺跡と、北朝鮮で発見された屈浦里《クルポリ》遺跡では、住居跡や火を使った形跡、手斧《ておの》や尖頭器《せんとうき》などの打製石器が３０００点以上出土しており、人々が集団生活していたことがわかります。

後期旧石器時代の特徴として、剝片《はくへん》尖頭器の出現が挙げられます。片側を木《こ》の葉《は》のようにとがらせて、片側に柄《え》をつけた石器です。最も古いのは慶尚南道《キョンサンナムド》の古礼里《コレリ》遺跡のもので、約２万５０００年以上前のものとされています。日本でも九州を中心に剝片尖頭器が発見されていますが、それほど古いものではありません。しかし、製法や大きさが似ていることから、剝片尖頭器の製法を知る集団が朝鮮半島から日本列島に渡ったか、日本列島の人類と接触して技術を伝えたのではないかと考えられています。

土器の出現

約１万年前に氷河時代が終わり、温暖化し始めたころ、朝鮮半島では磨製石器が用いられるようになります。これより先を新石器時代といいます。済州島《チェジュド》の高山里《コサンニ》遺跡で発見された土器は６３００年以上前のものと考えられています。高山里遺跡の土器は無文《むもん》ですが、江原道《カンウォンド》の鰲山里《オサンニ》遺跡の土器は装飾がほどこされて、縁《ふち》の部分を指でつまみあげられることから、隆起文《りゅうきもん》土器と呼ばれます。

土器が登場するまでの人類は、獲物や食べられる植物を探して移動して暮らしていました。それが温暖化によって食料の確保が容易となり、土器で食料を保存するようになったことで、１カ所に定住するようになっていったのです。豆満江に近い西浦項《ソポハン》貝塚から釜山の東三洞《トンサムドン》貝塚まで、東海岸の広い地域にわたって土器が発見されています。

朝鮮半島で見つかっている主な土器は櫛目文土器《くしめもんどき》です。丸みのある土器で、櫛の歯のようなもので文様をつけていることから名づけられました。朝鮮半島で櫛目文土器が広く使われるようになったのは、紀元前5000年あたりからです。地域ごとに特徴もあり、南西部では砲弾のように底がとがっている一方、東北地方は平底です。両地域の境界となる一帯では、両タイプの土器が発見されています。

青銅器の活用

新石器時代の人々が暮らしたのは、洞穴ではなく竪穴式住居などでした。地面を1メートルほど掘り、その中心に煮炊きのために炉《ろ》や竈《かまど》を築きました。一部地域では、「温突《オンドル》」の原形のようなものの形跡も見つかっています。オンドルとは、煮炊きでわき上がる煙を床下に通して暖をとる、

そのころ、日本では？

熊本県の曽畑《そばた》貝塚から発掘された曽畑式土器は、文様や製法が櫛目文土器と非常に似ており、長崎県対馬の佐賀《さか》貝塚で発見された釣り針には、朝鮮半島の獣の牙《きば》が使われています。反対に、東三洞貝塚では佐賀県産の黒曜石や縄文土器が発見されており、交流があったことがうかがえます。

朝鮮半島式の床暖房ともいえるものです。つまり、紀元前にはすでにその発想があったといえます。

紀元前1000年ころになると、無文土器と呼ばれる文様のない土器が使われるようになります。壺《つぼ》や鉢《はち》、椀《わん》など、用途に合わせて用いられていたことがわかっています。新石器時代末期には青銅器も利用されるようになります。北朝鮮の新岩里《シナムニ》遺跡で見つかった青銅製の刀子《とうす》（ものを削ったり、切ったりするための道具）は、紀元前800年ごろのものとされています。青銅器のほか、石器や土器なども使われていたこの時代を青銅器時代とも呼びます。

青銅器時代は、紀元前300年ごろを境として前期と後期に分けられます。前期における代表的な青銅器が、琵琶《びわ》形銅剣です。当時の中国から伝わり、剣の両側が丸みを帯び、楽器の琵琶に形が似ていることからそう呼ばれています。後期を代表する細形銅剣は、剣が細身で直線的なことから、朝鮮半島独自に発展したものと考えられます。このほかにも、矛《ほこ》や戈《か》などの武器、鏡などが儀礼で使われていました。

無文土器と青銅器が使われていた時代、さまざまなタイプの墓が見られました。その

朝鮮半島の主な先史遺跡

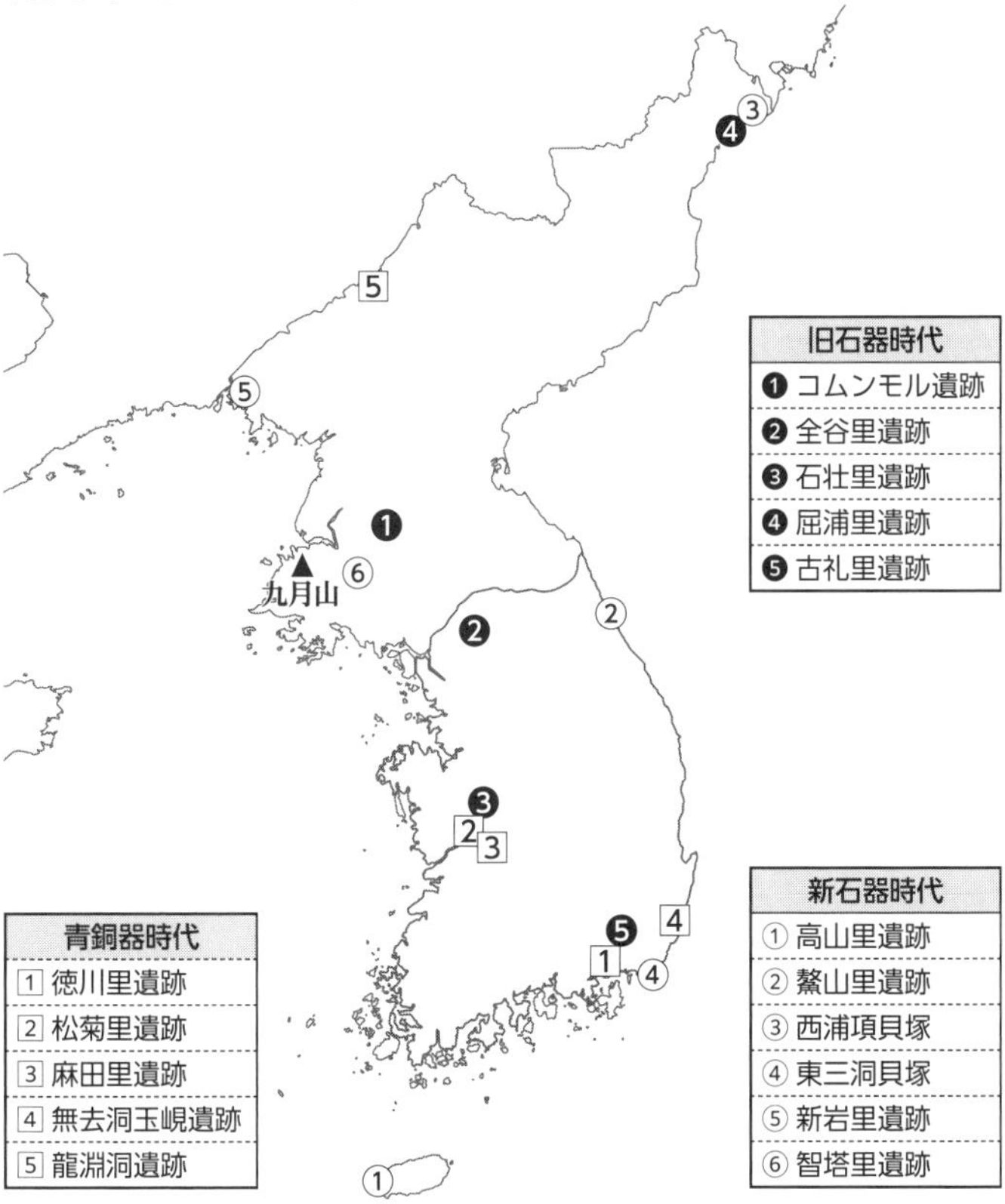

旧石器時代	
❶	コムンモル遺跡
❷	全谷里遺跡
❸	石壮里遺跡
❹	屈浦里遺跡
❺	古礼里遺跡

新石器時代	
①	高山里遺跡
②	鰲山里遺跡
③	西浦項貝塚
④	東三洞貝塚
⑤	新岩里遺跡
⑥	智塔里遺跡

青銅器時代	
1	徳川里遺跡
2	松菊里遺跡
3	麻田里遺跡
4	無去洞玉峴遺跡
5	龍淵洞遺跡

江華支石墓
（仁川市江華郡所在）

なかでも特徴的なのが、支石墓《しせきぼ》（コインドル）です。支石墓とは、故人を埋葬したあと地上に石を立て、その上に巨石を置いたものです。地上に棺《ひつぎ》を置き、その上に大きな板石を立てる北方式と、棺を地下に埋葬して小さく組んだ石の上に巨石を置く南方式などがあります。慶尚南道の徳川里《トクチヨンニ》遺跡には、東西17・5メートル、南北56メートルにもなるL字型をした大きな支石墓が存在します。支石墓の造営にはかなりの労働力が必要なことから、埋葬された人物がその集落において支配者階級であったことがうかがえます。青銅器の副葬品が出土するのも、こうした支石墓からです。

支石墓はヨーロッパが発祥とされ、世界各地で見つかっており、とくに朝鮮半島で多く見られます。韓国の北部と南部に分布する「高敞《コチヤン》、和順《ファスン》、江華《カンファ》の支石墓群」はユネスコの世界文化遺産に登録されています。

農耕の誕生と勢力争い

新石器時代末期からは、農耕が行われるようになりました。北朝鮮の智塔里《チタムニ》遺跡からは炭化した穀物の粒と、石製の鍬《すき》や鎌《かま》が出土しています。ムギやコムギ、キビやモロコシ、ダイズやアズキなども栽培されていたようです。

本格的に稲作が始まったのは、紀元前700年ころからです。忠清南道《チュンチョンナムド》の松菊里《ソングンニ》遺跡の住居跡から395グラムの炭化した米が出土しているほか、同じく忠清南道の麻田里《マジョンニ》遺跡、蔚山《ウルサン》市の無去洞玉峴《ムゴドンオクヒョン》遺跡などから水田の遺構が発見されています。

耕作に適した丘陵の斜面や扇状地に集落が形成されると、集落内で貧富の差が生まれます。さらに複数の集落が同じ水系を利用するなかで、集落間で格差が生じ、争いが起こるようになります。そこで集落を統率するリーダーが選ばれ、外敵から攻撃を防ぐために集落周辺を溝《みぞ》で囲う、いわゆる環濠《かんごう》集落が形成されていくのです。主に朝鮮半島中部で形成されたこの文化は松菊里文化といわれます。

紀元前3世紀ごろになると、中国大陸から鉄器が持ち込まれます。当時の中国大陸は複数の国が勢力争いをくり広げる戦国時代（紀元前5世紀ごろ~紀元前221年）にあたり、すでに鉄製の武器や農具が普及していました。その国々のなかで、現在の中国の河北《かほく》省や遼寧《りょうねい》省、朝鮮半島西北部を支配していた燕《えん》という国の影響を朝鮮半島は強く受けます。北朝鮮の龍淵洞《ヨンヨンドン》遺跡では、燕の通貨である明刀銭《めいとうせん》をはじめ、槍《やり》、矛、斧などの武器、鍬や鋤《すき》などの農具が出土しています。鉄器の鋳造技術が伝わると、食料の生産量の増大とともに集落も拡大し、集落ごとの争いもはげしさを増していきます。こうしたなかで、朝鮮半島における古代国家が形成されていくことになるのです。

神話と考古学の狭間

歴史書が伝える、朝鮮半島最古の国家を「古朝鮮《コジヨソン》」といい、それぞれ「檀君《タングン》朝鮮」「箕子《きし》朝鮮」「衛氏《えいし》朝鮮」という3つの王朝が相次いで興亡したとされます。そもそも、「朝鮮」という言葉は紀元前4世紀ごろから中国で使われ始めたもので、古代中国の歴史書にも朝鮮という名が登場します。朝鮮半島全域ではなく、朝鮮半島西北部から中国の遼東《りようとう》地方にかけた地域を漠然と指した言葉だったようですが、当時この地域に、朝鮮と呼ばれる勢力が存在していたことはまちがいありません。なお、14世紀末に誕生する「朝鮮（王朝）」と区別するため、13世紀末ごろにはすでに〝古〟という字がつけられ、古朝鮮と呼ばれていました。

さて、古朝鮮の最初の王朝、檀君朝鮮については以下のような話が伝わっています。

天上の支配者である天帝《チョンジェ》の桓因《ファニン》が、地上を支配するよう子の桓雄《ファヌン》に命じます。桓雄が太伯山の神檀樹《シンダンス》の下に降り立つと、山中に住んでいた虎と熊が「人間になりたい」と願い出ます。そこで桓雄は、２頭にひと握りのヨモギとニンニク20個を与え、洞穴に１００日の間こもって太陽の光を見ないように告げました。修行はつらく、虎は途中で投げ出します。熊は修行を続け、21日目に女性になりました。桓雄は人間になった熊女《ウンニョ》を妻とし、２人の間に生まれたとされるのが、檀君王倹《ワンゴム》です。

檀君は成長すると、国名を朝鮮と定めて最初の王になったと伝えられています。その後、檀君は１５００年間にわたって朝鮮を治めたのち、中国大陸から逃れてきた箕子という人物に国をゆずります。その後は山中に隠遁《いんとん》し、山神となって１９０８歳で亡くなったといいます。もちろん、熊が女性に変身したり、その子が驚異的な長寿だったりすることは現実にはあり得ず、檀君朝鮮はあくまでも神話とされています。

熊を山の神とした信仰は朝鮮半島の山間部を中心に古くか

ら伝わっており、虎もその威厳や勇猛さなどから神聖視されてきました。この熊や虎に畏敬《いけい》の念を込めた民間伝承が、檀君神話のもとになったと考えられています。1988年に開催されたソウルオリンピックでは2頭の虎が、2018年に開催された平昌《ピョンチャン》オリンピック・パラリンピックでは白虎と熊が公式マスコットとされました。サッカーの韓国代表を「アジアの虎」などと表現するのも、神話がもとになっているといえます。

中国から来た亡国の王族

檀君に国をゆずられたという箕子とはどういう人物でしょうか。じつは、朝鮮半島の出身ではなく、中国の古代王朝である殷《いん》の王族とされる人物です。殷の君主であった紂《ちゅう》王《おう》の叔父《おじ》にあたり、もともと北方の箕という国を治めていました。しかし、政務をおろそかにする紂王を諫《いさ》めたところ、奴隷《どれい》の身分に落とされます。

その後、他勢力によって紂王が倒され、殷が滅亡すると、箕子は殷の遺民とともに朝鮮半島西北部に逃れます。新たに中国に成立した周《しゅう》の初代君主となった武王は、賢人として知られていた箕子をたたえ、朝鮮地方を治める諸侯に封じました。この箕子が治めたとされるのが箕子朝鮮です。箕子は朝鮮の民に礼儀や農事、養蚕《ようさん》などの技術を教え、犯禁《はんきん》八条を定めたとされます。犯禁八条の詳細は伝わっていませんが、「人を殺害したら死罪」「傷害を犯《おか》したら穀物で弁償《べんしょう》する」というような刑罰だといいます。

箕子は実在した人物とみられますが、箕子が朝鮮に逃れてその地を治めたという話は『史記《しき》』や『漢書《かんじょ》』など、紀元前1世紀から紀元1世紀ごろにかけて成立した中国の歴史書に初めて現れます。それ以前の記録にはまったく出てきません。

箕子朝鮮は紀元前12世紀から1000年近く続いたとされますが、その間の動向はほとんどわかっていません。『魏略《ぎりゃく》』という中国の歴史書によれば、中国が戦国時代を迎えると、箕子の子孫も周の支配下から脱して王を名乗り、隣国だった燕と対立したといいます。

紀元前221年、秦《しん》によって中国が統一されると、その君主である始皇帝は異民族の侵入をはばむ目的で、遼東地方に長大な城壁（長城《ちょうじょう》）を築かせています。やはり『魏略』によれば、このころの箕子朝鮮の王は否《ひ》といい、秦の国力をおそれて服属していました。始皇帝の死後、5年と経ずに秦が滅亡すると、今度は項羽《こうう》と劉邦《りゅうほう》という2人の有力者がはげしく争ったため、戦火を避けて朝鮮半島へ多くの人々が流入してきました。

檀君朝鮮に続いて箕子朝鮮を紹介しましたが、こちらも伝説の色合いが強く、実在したとは考えられません。箕子朝鮮の時代の遺物として、琵琶形銅剣や美松里《ミソンニ》型土器、石棺墓《せっかんぼ》、支石塚などが発見されていますが、王朝の実在を証明するまでには至っていません。ただし、先に述べたように、紀元前4世紀ごろには朝鮮半島西北部から中国の遼東地方にかけての地域に朝鮮と呼ばれる勢力が存在していたことは事実であり、のちに、この朝鮮と箕子朝鮮伝説が結びつけられて理解されるようになったと考えられます。

実在が確認されている王朝

古朝鮮の中で唯一、その実在が学術上認められているのが衛氏朝鮮です。その建国者である衛満《えいまん》は燕の出身とされています。

紀元前202年、項羽との戦いに勝利した劉邦が皇帝に即位し、漢《かん》（前漢《ぜんかん》）という王朝を打ち立てます。ところが、ほどなくして、各地の王などに封じた配下（諸侯）らの勢力をおそれるようになった劉邦は、諸侯らを粛清《しゅくせい》し始めます。そのため、漢の東北部を治めていた燕王が反乱を起こしますが、敗れて北方へ逃れます。その際、燕王の配下の衛満は、部下を引き連れて朝鮮に亡命してきました。否の子で王位にあった準《じゅん》は、衛満を信頼し、西部の守備を任せて自治権を与えます。衛満は、前漢から数万もの亡命者を誘い入れて勢力を拡大したうえ、準の護衛を名目に、都だった王険城（現在の平壌市）に乗り込むと王位を奪いました。準はなすすべもなく逃亡したとされます。

衛満が箕子の末裔《まつえい》である準から王位を奪ったという話は『魏略』が伝えるだけで、信ぴょう性に欠けるところがあります。しかし、衛満が部下を率いて朝鮮に亡命し、建国したことは史実として認められており、衛氏朝鮮の成立は紀元前１９５年とされています。引き続き、王険城を都とし、亡命者を中心に現地の豪族も取り込み、勢力基盤を固めました。その一方で漢には臣下の礼をとり、自治権を認められます。

衛氏朝鮮は、農耕や漢との交易で大いに栄えたといいます。けれども、衛満の孫にあたる右渠《うきょ》が、周辺国の漢への朝貢《ちょうこう》（くわしくは45ページ）を妨害《ぼうがい》するなどのふるまいを見せるようになったことが原因で、漢の７代皇帝である武帝の侵攻を受け、紀元前１０８年に衛氏朝鮮は滅亡します。同時に古朝鮮も終わりを迎えました。

知れば知るほどおもしろい朝鮮半島の偉人①

すべての朝鮮民族の始祖？

檀君

タングン

（紀元前 24 世紀？〜紀元前４世紀？）

朝鮮民族の始祖と位置づけられている

檀君は現在の平壌の地に王険城を築いて都とし、のちに、現在の北朝鮮黄海南道《ファンヘナムド》に位置する九月《クウオル》山と推定される地に都を移し、国を治めたといいます。

檀君はあくまで伝説上の存在ですが、13世紀ごろには檀君を朝鮮民族の始祖とみなす認識が定着していました。1949年には、韓国政府が檀君朝鮮の建国を記念して10月3日を「開天節《ケチヨンチヨル》」として祝日に定めています。さらに韓国では、檀君が即位したという紀元前2333年を元年とする檀君紀元（檀紀《タンキ》）が1948年から1961年まで公式に用いられていました。

なお、北朝鮮の平壌郊外には檀君陵と伝わる石塚があり、発掘調査で見つかった人骨を北朝鮮の学術機関が鑑定したところ約5000年前の骨と判明しました。ただ、北朝鮮側の一方的な発表で、伝わる檀君紀元とは数百年の開きがあり、本当に檀君の陵墓か異論が出ています。

chapter 2

三つ巴の争い

出先機関としての四郡

衛氏朝鮮を滅ぼした武帝は漢の影響力を朝鮮半島に残すため、紀元前108年に楽浪《らくろう》郡、臨屯《りんとん》郡、真番《しんばん》郡、翌年には玄菟《げんと》郡を設置して出先機関とします。まとめて「漢四《かんのし》郡」とも呼ばれます。四郡が置かれたとされる場所は諸説あります。真番郡は楽浪郡の南側とされますが、半島の南西海岸、南東海岸のどちら寄りだったのかでは意見が分かれています。また南といっても、半島南部には小部族が乱立していたことから、現在のソウルから忠清北道《チュンチョンブクト》あたり、朝鮮半島中部にあったという説もあります。

漢四郡は朝鮮半島全体ではなく、主要拠点とその周辺地域のみを直接支配しました。郡同士は主要幹線で結ばれ、各郡には漢から長官が派遣されます。やがて移住してきた漢人も定住するようになります。とはいえ、そのほかの地域は、漢の影響力を維持しつつ在地諸族の自治に任せるという間接統治でした。

四郡の支配のおよばない地域では、漢の統治に反感を持つ在地諸族も多く、任官された漢人だけで統治するのは不可能でした。しかも、統治には莫大な費用と軍事力が必要

漢四郡の推定図

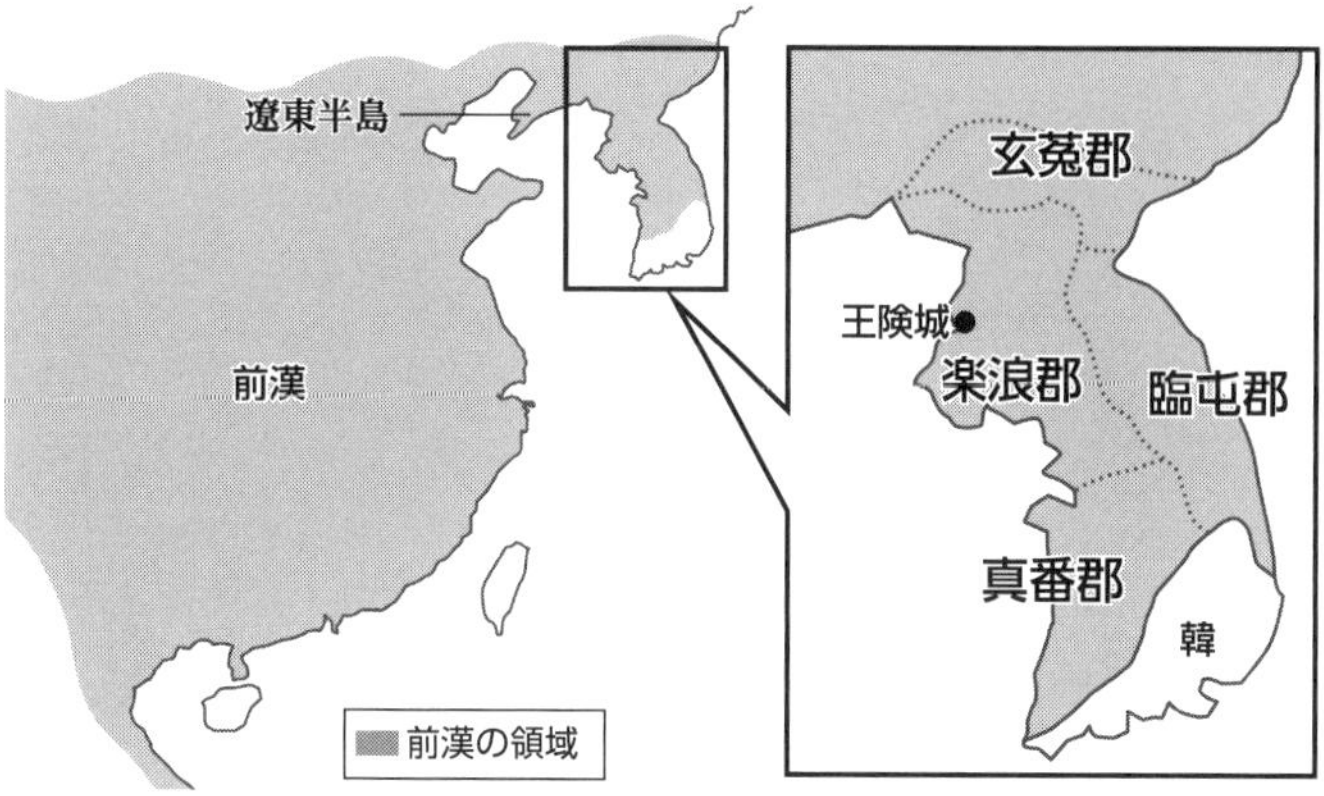

だったため、間接統治という形式をとるほかなかったのです。また、漢にとって朝鮮半島は辺境という認識であり、半島全域を支配するまでの意欲はありませんでした。

それを裏づけるように、設置から20年ほどで臨屯郡と真番郡は廃止されています。漢に反抗する部族が拡大し、郡の維持が困難になったためです。玄菟郡も、高句麗《コグリョ》（こうくり）や扶余《プヨ》（ふよ）といった勢力の圧力に対応できず、遼東半島に移されます。朝鮮半島に残ったのは楽浪郡のみとなり、漢の支配力は低下しました。

楽浪郡はその後も400年近く存続しました。その間に漢は一度滅び、再興されています。紀元25年に再興されたこの王朝を後漢《ごかん》といいます。

その後漢末期になると皇帝の権威は失われ、有力者が各地で割拠《かっきょ》するようになりました。そのようななか、遼東一帯の支配を任されていた公孫度《こうそんたく》が楽浪郡を支配下に収め、朝鮮半島へ進出します。紀元204年には、公孫度の子である公孫康《こうそんこう》が、楽浪郡の南部に帯方《たいほう》郡を置きます。帯方郡があったとされる場所は、現在のソウル市から北朝鮮の黄海北道・南道あたりまで諸説あります。

公孫氏は、帯方郡を拠点として半島東南部の諸族に影響力を持ちました。後漢が220年に滅び、中国大陸に魏《ぎ》、呉《ご》、蜀《しょく》の3カ国が並び立つと、公孫氏は、表面上は魏に臣従しながら、半ば独立勢力として存続をはかります。

しかし、公孫氏が独立して王を名乗ると、魏は名将として名高い司馬懿《しばい》を送り込み、公孫氏を滅亡させます。こうして楽浪郡と帯方郡は魏の支配下に入りますが、その後の

そのころ、日本では？

歴史書『三国志』に、当時の日本について記した部分があり、「魏志倭人伝」と題されます。そこには、邪馬台国《やまたいこく》の女王の卑弥呼《ひみこ》が、帯方郡を通じて魏に使者を送り、魏の皇帝から「親魏倭王」に任じられます。卑弥呼亡きあとは壱《い》与《よ》という新女王が立てられ、晋に使者を送っています。

政変によって司馬懿の孫にあたる司馬炎《しばえん》が魏を倒し、265年に新たな王朝である晋《しん》(西晋《せいしん》)を打ち立てます。ところが、この晋は成立まもなくして政変や内紛が相次ぎ、朝鮮半島における影響力を失います。

そのすきに、北方で勢力を拡大した高句麗が楽浪郡と帯方郡を圧迫し、313年ごろには両郡を滅ぼします。南方では、3つの小国群に分かれていた韓族が、国としてまとまり始めていました。400年近く続いた漢人による朝鮮半島の支配は終わり、いよいよ在地諸族による国づくりが始まるのです。

3つの勢力に分かれた半島南部

中国王朝の出先機関が朝鮮半島に置かれていたころ、朝鮮半島北東部には「沃沮《オクチョ》(よくそ)」や「濊《イエ》(わい)」、そのさらに北には扶余や高句麗といった諸勢力が存在しました。一方、半島南部には韓族が生活を営んでいました。

韓族は「馬韓《マハン》(ばかん)」「辰韓《チナン》(しんかん)」「弁韓《ピョナン》(べんかん)」という3つの勢力に大きく分かれ、それぞれは小さな国の集合体でした。そのうち最大勢力が馬韓で50余国、辰韓と弁韓はともに12カ国からなり、それぞれの国に首長がいました。この3カ国をまとめて「三韓《サムハン》」といいます。

時代は進んで紀元8年、中国では前漢が滅び、新《しん》が成立します。このころ、辰韓の首長が楽浪郡に降ったという記録が残っています。馬韓にも有力な首長が存在しました。ただし、首長の権力は限定的で、集団のリーダーのような位置づけでした。また祭祀《さいし》を重視しており、各国には神官が置かれていました。

三韓については、中国の歴史書である『後漢書』や『三国志』に記述がありますが、今もわかっていないことがたくさんあります。

始祖は卵から生まれた!?

朝鮮半島において最初にまとまった国家として成立したのが、貊《メク》族のなかの高句麗族が建てた国である「高句麗」です。

高句麗の建国には、以下のような神話が伝わっています。扶余の金蛙王《クムワワン》が、白頭山の南で柳花《ユファ》という娘と出会います。柳花は河の神の娘で、天帝の子を名乗る解慕漱《ヘモス》と愛し合いますが、両親の許可を得られず天界を追放されたというのです。金蛙王が柳花を連れ帰ると、柳花は日光を浴びて身ごもり、大きな卵を産み落とします。ほどなくして卵から男の子が生まれました。この男の子が、高句麗の始祖である朱蒙《チュモン》（東明聖王《トンミョンソンソン》）です。

金蛙王に王子として育てられた朱蒙は、幼少のころから大木を引き抜くほどの怪力の持ち主で、弓の腕前は一矢で複数の獲物《えもの》を仕留めるほどでした。金蛙王のほかの王子たちはそんな朱蒙を危険視し、何度も暗殺を試みますが成功しません。たび重なる暗殺の危機に心を痛めた柳花は、朱蒙に国外へ行くよう勧めます。そこで朱蒙は、供を連れて国外に

三韓と周辺の国家・勢力

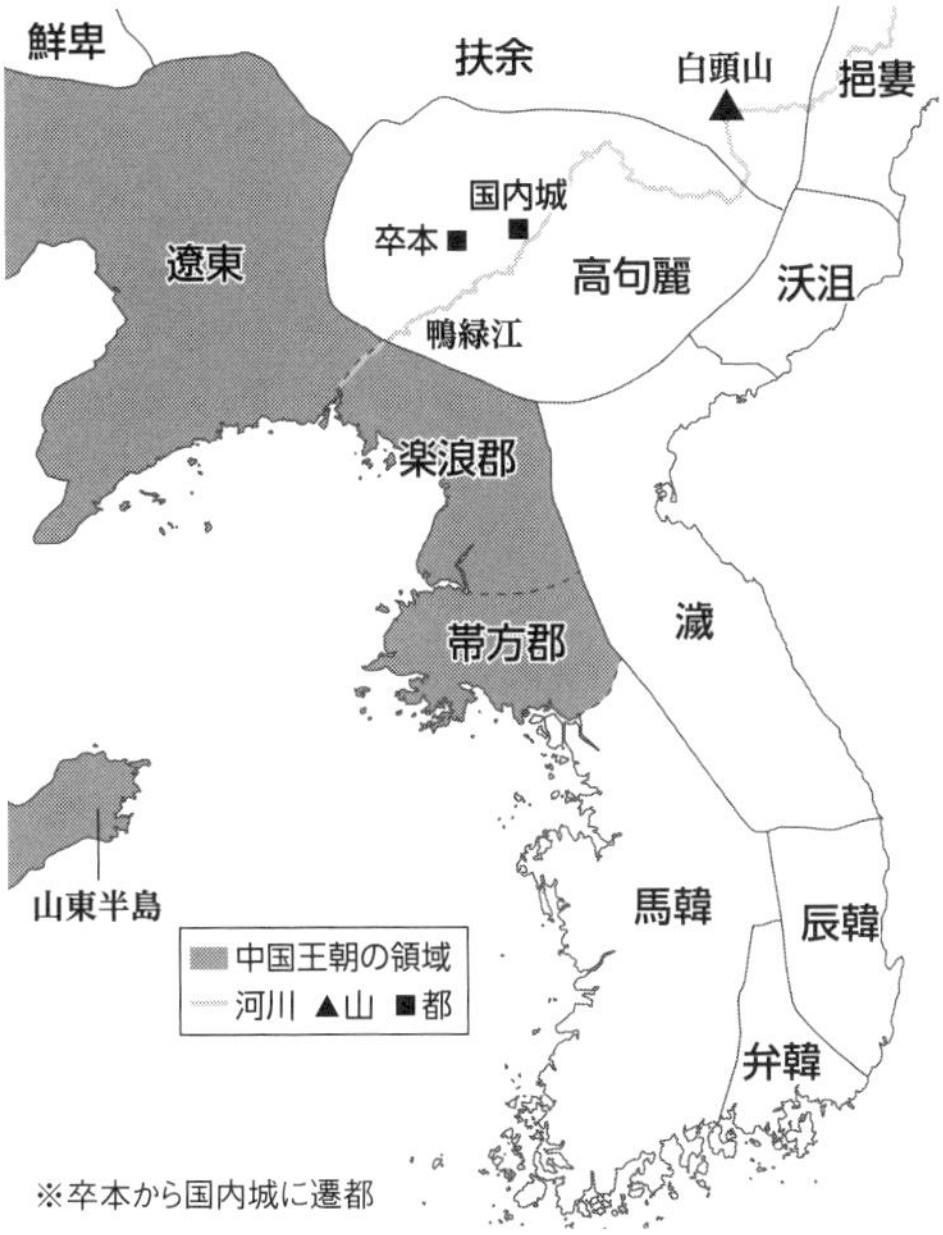

脱出し、鴨緑江支流に位置する卒本《チョルボン》（現在の中国遼寧省本渓《ほんけい》市桓仁《かんじん》満族自治県）という地で高句麗を建国しました。建国者が卵から誕生する神話は、朝鮮半島のほかの古代国家にも存在します。建国者の神秘性を高めるのに一般的な手段だったのでしょう。

12世紀半ばに書かれた『三国史記《サムグクサギ》』（くわしくは109ページ参照）によれば、高句麗の成立は紀元前37年とされています。『漢書』には、紀元前107年に設置された玄菟郡における高句麗族の居住地域を「高句麗県」としたことが書かれています。

朝鮮半島まで南下する高句麗

建国当初の高句麗は5つの部族による連合国家であり、王の権力は限定的でした。紀元22年には、東明聖王の孫にあたる大武神《テムシン》王が、侵攻してきた扶余の帯素《テソ》王を討ち取ります。この戦いの勝利によって扶余の遺民を多く受け入れ、高句麗は勢力を拡大しました。そして6代目の太祖《テジョ》大王が部族をまとめ上げ、国家としての体制を整えます。

2世紀末、当時の高句麗王の伯固《ペクコ》（『三国史記』では8代目の新《シン》大王に比定するが、9代目の故国川《コグクチョン》王と考えられる）が死去すると、その子らで後継者争いが起こり、4つの部族が支持した伊夷模《イイモ》（10代目の山上王《サンサン》とみなされる）が王に即位します。これに不満を持った兄の抜奇《バルギ》は楽浪・帯方郡を支配する公孫氏の援助のもと、高句麗発祥の地である卒本を制圧します。敗れた山上王は、3世紀のはじめ、鴨緑江のほとりの国内城《クンネ》（現在の中国吉林《きつりん》省通化《つうか》市集安《しゅうあん》市）で新たな国を立てたうえ、さらに山城として丸都城《ファンド》を築いて守備を固めます。その後、山上王は卒本を奪い返しますが、都はそのまま国内城とされました。

中国の三国時代にあたる3世紀前半、高句麗は公孫氏を降《くだ》した魏の侵攻を受け、丸都城は陥落し、11代目の東川王《トンチョン》は都を捨てて沃沮の地に逃れました。何とか魏の追撃をかわした東川王はその後、国内城にもどり、高句麗の再興に努めることになります。

再興後に大躍進

再興後の高句麗は、15代目の美川王《ミチヨン》のもとで飛躍します。美川王は本名を乙弗《ウルブル》といい、14代目の烽上王《ポンサン》の甥《おい》にあたります。烽上王は猜疑心《さいぎしん》が強く、一族を処刑していきました。幸い逃げのびた乙弗は、身分を隠して塩商人をしていたところを臣下に見つけ出され、

300年に王へ即位します。なお、烽上王は王位を追われて自害したといいます。

美川王はこれまでの部族制をとりやめ、13階の官位を定めます。そして内政を整えると、中国の混乱に乗じて積極的に外征します。313年には楽浪郡、その翌年には帯方郡を滅ぼしました。このことは、朝鮮半島が中国王朝の影響から脱したことを意味します。これが1つの契機となり、半島の中部以南では独自の国家形成が進んでいきます。

さらなる勢力拡大を目論んだ美川王はその後、遼東地方に何度か出兵し、この地域に進出してきていた鮮卑《せんぴ》族の慕容《ぼよう》氏と戦闘を交えています。当時、中国は五胡十六国時代《ごこじゅうろくこくじだい》に突入しており、華北地方では小国の分立・興亡がくり返されていましたが、美川王の死後にあたる337年、慕容氏が前燕《ぜんえん》を建国します。以後、高句麗はこの前燕との対立を深めていくことになります。

高句麗の親戚を自称する百済

朝鮮半島南部の三韓は、4世紀ごろまでに国としてのまとまりを見せるようになります。三韓のうち最大勢力であった馬韓では、伯済国《ペクチェ》が周辺諸国をまとめ上げ、漢城《ハンソン》（現在のソウル市）を都とする「百済《ペクチェ》（くだら／ひゃくさい）」が成立しました。

百済にもやはり建国神話が存在します。朱蒙が高句麗を建国したのち、召西奴《ソソノ》という女性を妃《きさき》に迎えました。しかし、すでに別の妻との間に跡継《あとつ》ぎとなる子がいました。そのため、朱蒙と召西奴との間に生まれた沸流《プリュ》と温祚《オンジョ》の兄弟は、王位を継いだ義兄に害されることをおそれ、家臣や民を連れて高句麗を出ます。

漢城まで来たところで兄弟の意見が分かれ、海辺に住むことを主張した沸流が弥鄒忽《ミチュホル》（現在の仁川《インチョン》市）、温祚が河南慰礼城《ハナムウィレ》（現在のソウル市）にそれぞれ都を置くと、家臣を2つに分けました。10人の家臣に助けられたことから温祚は国号（国名）を十済《シプチェ》としました。その後、沸流の民も、名君であった温祚のもとに流入したため、百済と国号を改めたとされます。

神話にしたがえば、温祚が河南慰礼城に都を置いたのは紀元前18年となりますが、これまでの研究によると、百済の成立は3世紀後半から4世紀前半にかけての時期とされています。高句麗によって楽浪郡と帯方郡が滅ぼされたことで、その影響下にあった馬韓諸国の自立が進み、たがいに勢力争いをくり返した末、伯済国によって統一されたと考えられます。

百済初期の王はその存在が不確かです。ようやく4世紀中ごろになって、15代目の近肖古王《クンチョゴ》の名が中国の歴史書『晋書』、日本の『古事記』『日本書紀』に登場します。『古事記』の記述によると、照古《しょうこ》王（近肖古王）は、応神天皇のもとに阿知吉師《あちきし》（阿直岐《アジツキ》）と和邇《わに》吉師（王仁《ワンイン》）という使者を送り、『論語』や『千字文《せんじもん》』といった書物のほか、馬を献上したといいます。

また近肖古王の時代、中国から百済に帰化した高興《コフン》という博士によって、漢字が導入されます。百済に初めて文字が伝わり、高興は歴史書を記したといいます。

百済は当時、中国王朝とも国交を結んでいました。5世紀の中国大陸には、南北それぞれに王朝（北朝と南朝）が存在し、この時代は南北朝時代と呼ばれています。この南

そのころ、日本では？

百済は当時の日本と関係が深く、日本の歴史書にも百済王の名がよく登場します。現在、国宝に指定されている「七《しち》支刀《しとう》」は、4世紀ごろに百済が日本に朝貢した際に贈られたものとされています。刀身から6つの枝が飛び出た不思議な形をしているのは、祭祀用のためと考えられます。

朝に、百済が朝貢していたことがわかっています。百済が建国神話において高句麗と同じ扶余の末裔を名乗ったのは、高句麗が北朝に朝貢していたのに対抗し、外交上、対等の立場であることを強調しようとしたためと考えられます。

ここで、朝鮮半島の諸勢力と中国王朝の関係を見ていきましょう。朝鮮半島の国家・諸勢力は、つねに中国王朝の脅威《きょうい》にさらされていました。そこで毎年、中国王朝に使者を派遣し、貢《みつ》ぎ物《もの》を贈りました。これを「朝貢」といいます。その返礼に中国の皇帝は自国の産物を与えました。それだけでなく、中国の皇帝は、朝貢した勢力の君主に王などの称号を与え、その地域の支配を認めました。これを「冊封《さくほう》」といいます。

こうして朝鮮半島の諸勢力は中国王朝の庇護《ひご》下に入り、その権威を後《うし》ろ盾《だて》とし、周囲の敵対勢力を牽制《けんせい》しました。このような朝鮮半島の諸勢力と中国王朝との関係は19世紀末まで続きます。

朝貢・冊封による両者の関係性

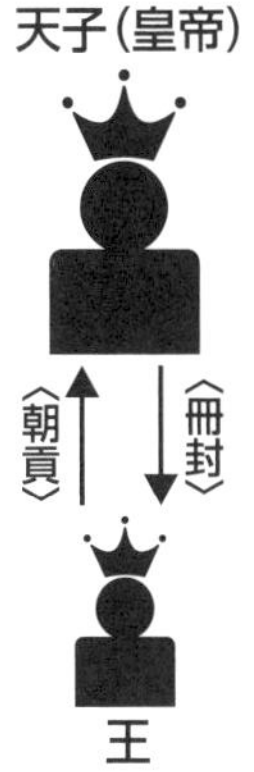

高句麗の存在は脅威であったため、百済は新羅《シルラ》（しらぎ／しんら）と同盟を結び、高

句麗に対抗していました。369年には侵攻してきた高句麗軍を急襲して勝利し、371年には高句麗に侵攻し、高句麗16代目の故国原王《コググオンワン》を戦死させています。

3つの王家が存在した新羅

ここからは辰韓について見ていきましょう。4世紀後半、辰韓12カ国のうち斯盧国《サロ》が中心となって勢力が統合されていきます。国号を新羅と定めるのは503年のことです。一方、今日伝わる神話では、建国は紀元前57年のこととされています。これは高句麗や百済の神話が伝える建国時期よりも古いものですが、史実とは認めがたく、後世の作為と考えられます。

神話によれば、斯盧国があった慶州《キョンジュ》盆地（現在の慶尚北道慶州市《キョンサンプクトキョンジュ》）には古朝鮮から続く有力な6つの村がありました。あるとき、林の中で見つけた卵から男の子が出てきます。卵がひさごほどの大きさだったことから、男の子はひさごと同じ意味の朴《パク》という姓と、赫居世《ヒョッコセ》という名を与えられて成長します。赫居世が13歳になったとき、6つの村の人々は不思議な生まれ方をした赫居世を王に推戴《すいたい》します。これが初代王の朴赫居世居西干《コソガン》です。新羅では6世紀のはじめごろまで王のことを「居西干」「尼師今《イサグム》」「麻立干《マリプカン》」などと呼称していました。

その後、朴赫居世の子の南解《ナムヘ》が2代目の王となります。南解は賢者として名高い昔脱解《ソクタルヘ》を娘の婿《むこ》とし、次の王に指名しました。脱解もまた卵から生まれたといいます。12代目までは朴氏と昔氏の間で王位が交代しますが、13代目からは金氏《キムシ》の金味鄒《キムミチュ》に王位が移ります。金氏は、昔脱解が天から降った金色の小箱から出てきた男の子に、金の姓を与えたのがはじまりとされます。

味鄒はその7代子孫で、昔氏から妻を迎え、王となります。味鄒ののち、3代にわたり昔氏から王が出ましたが、17代目の奈勿《ナムル》の以後は金氏の王統が続きます。

朴氏、昔氏、金氏いずれの始祖も、卵から生まれたり、箱に入っていた

5世紀後半の朝鮮半島

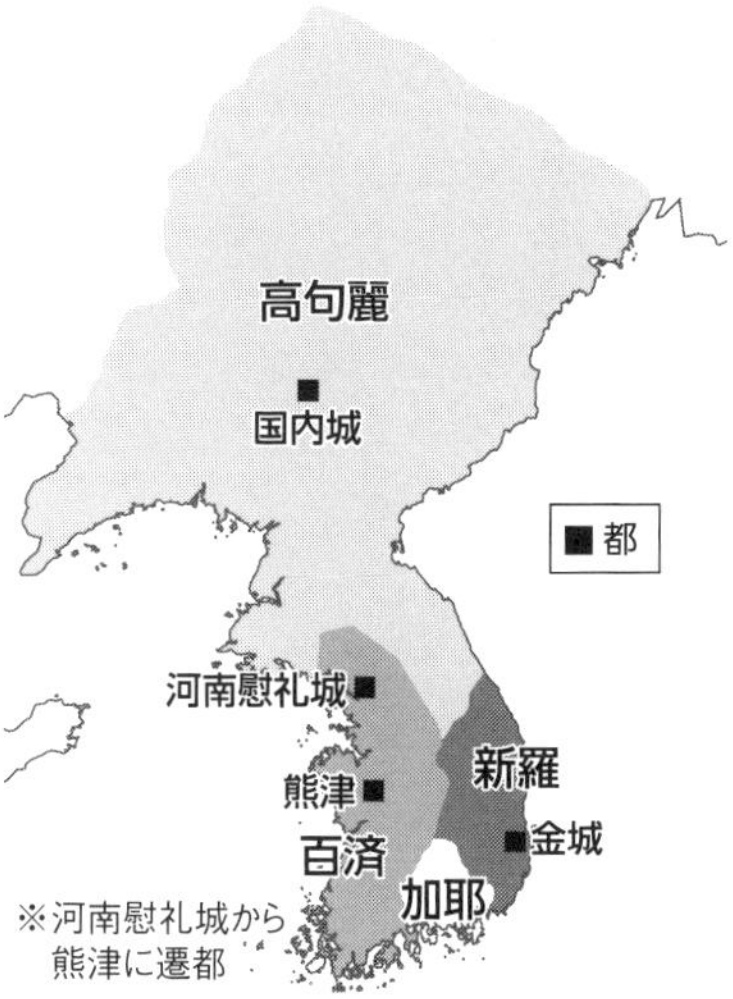

り、もともと辰韓の出身ではない点で共通しています。6つの村は、その後の新羅で有力部族となった六部《ユクブ》のことです。異なる神話を持つ朴氏、昔氏、金氏という3つの氏族が、六部の支配勢力として交代したか、六部が交代で王を出していたことが、やがて新羅の建国神話として整理されていったと考えられます。新羅は独自の文化を持った祭政一致の国でした。王は祭祀を司り、六部をまとめるのが主な役割だったといえます。

高句麗の従属国という立場

建国当初から新羅は、百済や弁韓と対立しながら、高句麗の強い圧力を受けていました。さらに、海を隔てた倭《わ》国（当時の日本）からも圧力を受けており、高句麗と倭国の両方に人質を送り、平和を保っていたといいます。

新羅はすでに斯盧国の時代から、慶州盆地に金城《クムソン》を築いて王城とし、またその東南の丘陵に王宮である月城《ウォルソン》を造営していました。慶州盆地一帯は、もとは六部の支配地であり、新羅の王都となります。慶州の地は、古くは徐羅伐《ソラボル》と呼ばれていました。先に述べたように、503年、22代目の智証《チジュン》麻立干のとき、正式に国号を新羅とします。この名は前身である斯盧国や徐羅伐にちなむものと考えられています。

　こうして4世紀後半から6世紀にかけての朝鮮半島には、高句麗、百済、新羅という国家が相次いで成立します。それぞれが独立した存在で、時には結び、時には敵対しながら三つ巴《みどもえ》の争いをくり広げるのです。この3カ国が朝鮮半島の覇権を争った時代を「三国時代《サムグクシデ》」といいます。

小勢力が乱立した加耶

　三国時代とはいえ、朝鮮半島にはもう1つの勢力が存在しました。それが弁韓に由来する「加耶《カヤ》（かや）」です。加耶のあった地域は、新羅と百済と接していました。鉄がよく産出されたことから、古くから周辺の国などに鉄製の武器や農具を輸出していました。ただ、百済や新羅のように1つの国家としてまとまることはなく、小勢力が分立している状態でした。「加羅」「伽耶」と表記されることもあります。

　2〜3世紀の加耶において最も勢力の大きかったのが金官《クムグアン》加耶です。始祖とされる首《ス》露《ロ》王も金の卵から生まれたとされています。加耶の神話では、天から6つの卵が降ってきて、最初に生まれた首露が金官国の王となり、残る5つの卵から生まれた子が、大加《テ》耶、安羅《アラ》、古寧《コニョン》加耶、星山《ソンサン》加耶、小《ソ》加耶という5つの国の王となります。これを六加耶といい、加耶の中心的勢力となります。事実としては、弁韓地域の複数の勢力が、共通の神話によって結束を強め、金官加耶を盟主として立てていたと考えられます。

加耶は日本との関係も深く、『日本書紀』には「任那《みまな》日本府」という出先機関が置かれていたと記されています。日本府は交易や文化交流の拠点であり、朝鮮半島進出のための軍事基地とも考えられています。日本が加耶を臣従させ、百済や新羅に侵攻したという説もあります。ただ、この説は韓国の学界では否定されており、日本の研究者の間でも意見が分かれていて、結論は出ていません。

4世紀には金官加耶の勢力は衰え、大加耶が力を持ちます。しかし、新羅、百済、倭のうち、どの国と親しくするか六加耶で意見が割れ、まとまりにかけました。

広開土王による領土拡大

ここで高句麗の話にもどります。美川王による領土の拡大後、16代目の故国原王の時代、高句麗は前燕の攻撃を受けて丸都城が陥落します。故国原王が前燕に臣従を約束して何とか滅亡をまぬかれたところに、南から百済が侵攻してきて領土を奪われました。さらには故国原王が百済の近肖古王に討たれ、国内が大混乱に陥ります。

幸いにも、脅威であった前燕は滅亡し、その前燕を滅ぼした前秦《ぜんしん》との関係を強化しながら、国力の回復、内政の安定化、文化振興に努めます。その期間、３７２年に前秦から訪れた僧侶の順道《じゅんどう》を受け入れ、３７５年に肖門《チョムン》寺と伊弗蘭《イブルラン》寺を創建して仏教を普及させます。３７２年には教育機関として太学《テハク》を創設し、儒教による教育を推進しました。

やがて、内政が固まった高句麗は、19代目の広開土王《クァンゲト》（こうかいどおう）の時代に一気に勢力を拡大させます。広開土王は、好太《ホテ》王（こうたいおう）のほか、永楽《ヨンナク》という元号を定めたことから永楽太王とも呼ばれます。高句麗の領土を飛躍的に広げたことから、広開土王と呼ばれるのが一般的です。

王位に就いた３９１年、広開土王は百済に侵攻してたちまち10城を攻略します。３９６年には百済の58城・７００村を陥落させました。百済の17代目の阿莘《アシン》王は、人質や奴隷を差し出して高句麗に臣従を誓ったといいます。ところが、阿莘王は倭国にも人質を送って救援を求めたことから、広開土王は百済に再侵攻します。すると、高句麗と従属関係にあった新羅が倭軍の攻撃を受けたため、救援軍を派遣します。高句麗軍は新羅を救うと、「任那加羅」（所在地は諸説あり）まで後退した倭軍を追撃しました。

広開土王は、南だけでなく北にも目を向けます。遊牧民の契丹《きったん》族を攻撃し、捕虜《ほりょ》となっていた高句麗の民を救出しました。４００年には、前秦の滅亡後、中国大陸東北部を支配していた後燕《こうえん》を攻撃し、勝利します。４１０年には北の東扶余を屈服させ、中国大陸の東北部全域を勢力下に置きました。

現在の北朝鮮北部から中国吉林省にまたがる一帯に位置する、高句麗の歴代王墓や城跡は「高句麗古墳群」としてユネスコの世界文化遺産に登録されており、このの ち遷都するまでの高句麗を知るうえで重要な存在となっています。

高句麗の20代目の長寿王《チャンス》は広開土王の子であり、413年に即位しました。即位すると、国内城北東の鴨緑江岸に、父の功績をたたえた石碑《せきひ》を建てます。高さ約6・3メートル、幅約1・5メートルで、1802字の漢字が刻まれています。「広開土王碑（好太王碑）」と呼ばれるこの石碑は、1880年になって集安の農民によって発見されました。判読できない個所もありますが、高句麗の建国神話から広開土王の事績までが詳細に記されており、高句麗の歴史を知るうえで重要な史料となっています。本書のこれまでの記述にも、広開土王碑の解読によって判明した内容が多く含まれています。

広開土王碑には、倭国についての記述もあります。それによると、広開土王と倭国との戦いは、日本の歴史書に書かれている神功皇后《じんぐう》の三韓征伐のことだと考えられています。ただし、双方の記述には年代の開きがあり、碑文の解釈をめぐっても日韓の学界で意見が分かれています。

長寿王は98歳まで存命し、在位期間は79年におよびました。王名はそれにちなんだものので、高句麗は5～6世紀の間に最盛期を迎えました。長寿王は朝鮮半島統一を目指し、472年に平壌に遷都します。王都としたのは、現在の北朝鮮平壌市から6キロメートルほど北東に位置する大城山城《テソンサン》一帯です。

高句麗の勢力拡大に危機感を覚えた新羅は、敵対関係にあった百済と433年に同盟を結び、高句麗に対抗しようとしました。しかし、高句麗から派遣された軍官が新羅の兵を率いるなど属国化が進みます。

475年に長寿王は百済の都の漢城を陥落させ、逃亡しようとした百済王を殺害します。ここで百済は一度滅亡したといえるでしょう。ただ、新羅と百済の同盟は密かに続いており、新羅に救援を求めてやってきた百済の王子は保護されます。

滅亡した百済が再興

漢城の落城によって滅亡した百済を再興したのが、22代目の文周王《ムンジュ》です。新羅の援助を受けた文周王は、476年に熊津《ウンジン》（現在の忠清南道公州市《コンジュ》）を都として百済を再興しました。25代目の武寧王《ムリョン》のころには、高句麗と戦えるまでに国力が回復します。新羅との良好な関係を保つだけでなく、中国の北朝と友好関係にある高句麗に対抗するために、南朝や倭国と交流し、外交面で優位に立とうとします。なお、武寧王は、即位する前は日本に人質として出されており、日本に子孫を残したという話も伝わります。

武寧王の子である26代目の聖王《ソン》は、即位後の529年に高句麗から攻撃を受けて大敗します。そこで、熊津から泗沘《サビ》（忠清南道扶余郡扶余邑）に都を移して再興をはかります。ところで、この聖王（聖明《せいめい》王）は、日本に仏教をもたらした人物とされます。仏教はそれ以前から民間交流などで知られていましたが、聖王は仏像や経典などを伝え、初めて公式に仏教を薦めたのです。そのため、聖王が倭国に使者を送った538年（552年とする説もあり）が、日本における仏教公伝の年とされています。

なお、熊津・泗沘の王城址《あと》や、定林《チョンニム》寺址（扶余邑所在）・弥勒《ミルク》寺址（全羅北道益山市《チョルラプクトイクサン》所在）といった仏教寺院址などは「百済歴史遺跡地区」として、まとめてユネスコの世界文化遺産に登録されています。

台頭する新羅

長年、高句麗の風下《かざしも》に立っていた新羅でしたが、6世紀に勢力を拡大させます。23代目の法興王《ポップンワン》は支配部族であった六部を再編し、17等級の官位を制定したほか、王を補佐する上大等《サンデドゥン》という役職を設け、律令を定めて権力集中を進めます。さらに、軍事を司る兵部を設置して軍事力を強化し、新羅独自の元号を用います。六部の根強い抵抗もありましたが、改革を断行したことで国力は高まります。

527年に仏教を公的に導入して、新羅初となる興輪寺《フンリュンサ》が建立されています。その後、保護された仏教は王族を中心に国内に浸透していきます。

同盟相手である百済とは、加耶をめぐって対立することもありましたが、百済王家と婚姻《こんいん》関係を結び、友好関係を維持します。522年に大加耶の王家と婚姻を結ぶと、532年には金官加耶を滅ぼし、その王族を新羅の臣下としました。

そのようななか、滅亡した加耶の国の一部が倭国に援軍を求めたことで、527年、倭国が新羅に軍を派遣します。ところが、進軍は九州の有力豪族である磐井《いわい》氏によってはばまれます。これを磐井の乱といいます。倭軍の襲来をおそれた新羅が、磐井氏にはたらきかけて妨害させたともいわれますが、原因は不明です。

新羅と百済が共闘するようになると、高句麗の南進はとどこおり、戦いに敗れることもありました。さらに、21代目の文咨明王《ムンジャミョン》の後継者をめぐる内紛や臣下の反乱などが相次ぎ、国力が大きく低下すると、551年には新羅と百済の同盟軍によって、かつて百済の都だった漢城が奪還されます。

ただし、高句麗が弱体化していく過程で新羅と百済の同盟関係は553年に終わります。そのきっかけは、新羅の24代目の真興王《チヌン》が漢城を奪ったことにありました。怒った百済の聖王は、加耶と連合して新羅に攻め込むも戦死しました。勢いに乗った新羅は、562年に大加耶を攻め滅ぼし、これをもって加耶諸国の領域はすべて新羅のものとなります。この大加耶の滅亡により、朝鮮半島において真の意味で三国時代が訪れたといえます。

勢力を拡大した新羅でしたが、高句麗と百済の抵抗ははげしく、三すくみの状態が続きます。そこへ中国王朝が朝鮮半島に手を伸ばしたことで、この均衡《きんこう》がくずれるのです。

半島に迫る隋の脅威

三国がはげしく争っていた6世紀末、中国大陸が北朝の隋《ずい》によって、589年に統一されます。そこで三国は隋に朝貢して友好関係を築こうとし、百済がいち早く朝貢を認められ、新羅もそれに続きました。しかし、隋と国境を接する高句麗は、隋から圧力を受けます。

そのようななか、現在の中国東北部にあたる地域に暮らしていた靺鞨《まつかつ》族のなかの、高句麗に従わない勢力が、隋の領内に逃げ込みます。高句麗が逃げた靺鞨族を攻撃したところ、領域を侵《おか》したとして隋に責められます。隋をおそれた高句麗は急いで防備を固める一方、靺鞨族への攻撃を継続しました。

この行為に、隋の初代皇帝である文帝は激怒し、598年に大軍を送り込みます。このときは準備不足と天候不順などで隋軍がすぐに引き返したため、高句麗は被害をほとんど受けませんでした。そして高句麗の26代目の嬰陽《ヨンヤン》王が、隋に謝罪したことで事態は収束します。

三国同士と中国王朝の争い

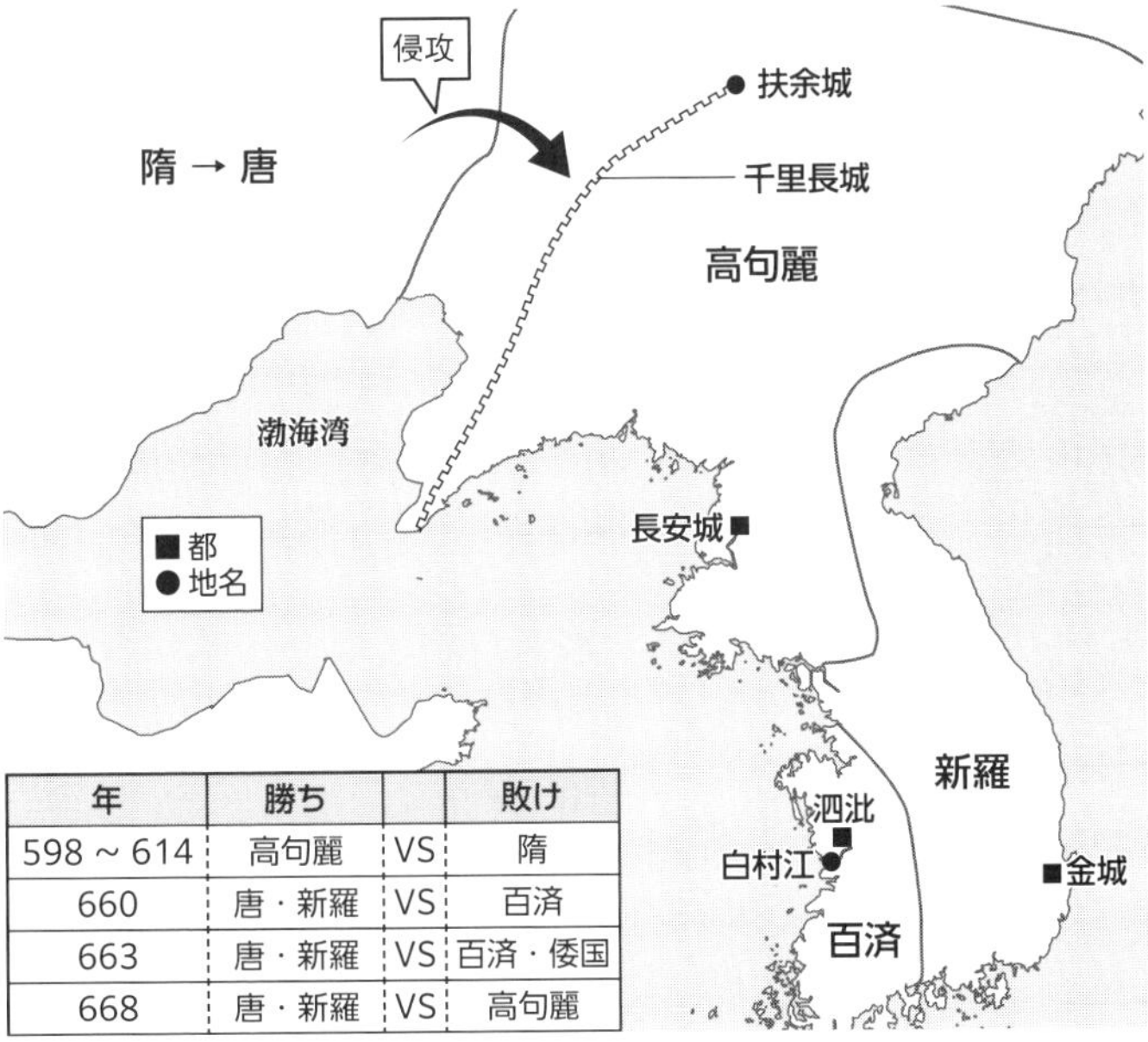

年	勝ち		敗け
598 ~ 614	高句麗	VS	隋
660	唐・新羅	VS	百済
663	唐・新羅	VS	百済・倭国
668	唐・新羅	VS	高句麗

ところが、高句麗が隋と敵対する北方の東突厥《ひがしとっくつ》と外交関係を結ぼうとしたため、再び関係が悪化します。さらには、百済と新羅にも高句麗討伐を請《こ》われたため、隋の2代皇帝である煬帝《ようだい》は、612年に高句麗討伐の兵を挙げます。

この第二次遠征では、高句麗の将軍であった乙支文徳《ウルチムンドク》が隋側に偽装投降して内情を探ったうえ、後退しながら高句麗領内に隋軍を引き入れる作戦をとります。そうして隋軍の補給線が延びきったところで反撃に転じ、高句麗軍は大勝利を収めます。翌年には第三次遠征が決行されますが、隋の国内で反乱が起こったため、早々に遠征軍は退却します。そのまた翌年の第四次遠征も、国内が政情不安になったことから、高句麗と和議を結んで隋軍は撤退しました。

こうして、高句麗は大国である隋の侵攻を食いとめることに成功したものの、たび重なる戦争で国土は荒れ、国庫は尽きてしまいました。

唐の脅威で生まれた軍事政権

中国大陸では反乱が相次いだ結果、隋は滅び、唐が628年に全国を統一します。大規模な土木工事による民への負担など、隋が滅んだ原因はいくつもありますが、高句麗遠征によって財政悪化を招き、多くの兵を失ったこともその1つでしょう。

高句麗の27代目の栄留王《ヨンニュ》は、唐に使者を送って関係修復に努めます。それとは別に、兄である嬰陽王の時代から倭国にも使者を送って関係を深めていました。『日本書紀』には、高句麗から仏像を製造する材料として金が贈られたと記されています。また、使者として訪れた僧侶の曇徴《どんちょう》が、絵の具や紙、墨《すみ》の製法などを伝えたといいます。

630年、唐が東突厥を滅ぼすと、高句麗への圧力が高まります。唐は高句麗に使者を送り、隋兵の遺骨を埋葬させ、高句麗が建てた隋との戦いの戦勝記念を破壊させました。これに対して栄留王は、扶余城（現在の中国吉林省長春《ちょうしゅん》市農安《のうあん》県）から渤海《ぼっかい》湾に至る唐との国境沿いに防壁（千里長城《チョルリジャンソン》）を築き、戦う姿勢を示しました。それでも、唐に従うべきという穏健派と、徹底抗戦を主張する強硬派に重臣の意見が分かれます。642年、長城の建設を担当した強硬派の淵蓋蘇文《ヨンゲソムン》が、栄留王と穏健派の重臣100人余りを殺害すると、王の甥を王位に就け、自身は実権を握ります。

淵蓋蘇文は傀儡《かいらい》の王のもとで独裁制をしき、唐との戦いに備えます。642年には、百済との戦いで援軍を求めるために高句麗を訪れた、新羅王族の金春秋《キムチュンチュ》を監禁しました。高句麗はかえって百済と結び、新羅から唐への通行路をふさごうとしたため、新羅は唐に救援を求めます。そこで唐は645年、第2代皇帝である太宗《たいそう》みずから大軍を率いて高句麗を攻めます。しかし、高句麗はよく防戦し、唐は撤退しました。その後、さらに二度攻められましたが、いずれも高句麗はよく防ぎます。

新羅と唐が手を結ぶ

高句麗が隋と唐に攻め込まれているとき、半島南部はどうだったのでしょうか。新羅に聖王が殺害され、漢城まで奪われた百済では、27代目の威徳王《ウイドク》から30代目の武王《ム》までの間は倭国と手を結び、新羅に対抗しようとしました。けれども、倭国からの援軍が期待できないことから、今度は隋を頼ろうと考えます。589年の隋による第一次高句麗遠征には、高句麗領内への先導役として百済軍も戦いに参加しています。

隋と唐の攻撃によって高句麗の身動きが取れなくなると、百済の31代目の義慈王《ウイジヤ》は積極的に新羅を攻撃します。642年には40余城を陥落させて加耶地方を占領しました。

百済の攻撃を受けていた632年、新羅では朝鮮半島で初の女王が誕生します。これが27代目の善徳女王《ソンドクニヨワン》です。新羅では、両親ともに王族である聖骨《ソンゴル》という身分の出身者(くわしくは70ページ参照)だけが王位継承権を持っていましたが、聖骨の男子が絶えたため女王が立てられたのです。善徳女王は不思議な力を持っていたともいい、民の精神的な支えとなる巫女《みこ》のような存在でもありました。実務面は高句麗からもどった金春秋、金官加耶の王族から将軍となった金庾信《キムユシン》が担《にな》い、政治体制をスタートさせます。まずは、唐と友好関係を築く道を模索します。しかし、唐は女王を認めないどころか、身内を新羅の王にするよう求めてきました。この唐からの難題によって、新羅では親唐派と反唐派による内紛が発生します。647年、反乱を起こした大臣を討伐するため、みずから出征した善徳女王が突如として病死します。

金春秋と金庾信は、善徳女王の妹とも伝わる真徳《チンドク》女王を即位させると、新羅の王統を守るべく、唐の援助をとりつける方法を探りました。そして、法興王以来の制度を廃止し、唐の位階制度や元号を用いることで、唐の信任を得ることに成功します。真徳女王は新羅の女王として認められ、真徳女王の死後、金春秋が即位して武烈《ムヨル》王となると、唐と新羅の同盟が成立しました。

三度にわたる高句麗討伐に失敗した唐では、649年に太宗が死去し、高宗《こうそう》が第3代皇帝となっていました。その唐は新羅の求めに応じて、高句麗の同

盟国である百済の攻略に協力します。660年、唐軍は水陸の両面から百済に侵攻します。同時に、金庾信ら率いる新羅軍も百済に向かいます。

百済の義慈王は新羅との戦いが優勢なことにおごり、酒食におぼれて臣下の意見を聞き入れなくなっていました。そのようなときに攻めてきた唐の水軍を白江《ペクカン》（白村江。現在の錦江《クムガン》下流）に引き込んで迎え撃ったところ大敗します。義慈王は熊津に逃れますが、やがて降伏して唐に連行されたのちに病死し、660年に百済は滅亡します。

同盟関係にあった日本は百済の遺民を受け入れ、中大兄皇子《なかのおおえのおうじ》の主導のもと百済復興を目指す出兵が行われました。しかし、663年の白村江《はくすきのえ》の戦いで日本と百済の残存勢力の連合軍は、唐・新羅連合軍に敗れ、百済再興の希望がついえます。

三国時代の終わり

百済滅亡の翌661年、唐は勢いそのままに高句麗に攻め込みます。このとき新羅の武烈王は死去しており、その子の文武王《ムンム》が金庾信の補佐を受け、唐軍の補給を担っていました。唐軍は半年にわたって高句麗の都である平壌を包囲しましたが、淵蓋蘇文の守る長安城《チャンアン》を落とすことができません。ちなみに、この長安城は平壌城とも呼ばれ、586年に現在の平壌市の中心部に完成した新たな居城です。そのようななか、666年に淵蓋蘇文が死去すると、後継者の座をめぐって3人の子らが争い、敗れた長男の男生《ナムセン》が都を追われます。男生は唐に援助を求め、みずから高句麗攻略の道案内を申し出ます。

668年、唐軍は平壌を再び包囲します。男生の調略によって城内から寝返りが相次ぎ、1年あまりの抵抗ののち、ついに長安城は陥落しました。時の高句麗王である宝蔵王《ポジャン》は降伏し、高句麗は滅亡します。宝蔵王は唐に連行されましたが、責任は淵蓋蘇文とその一族にあるとして助命されました。唐軍に協力した男生は諸侯に封じられています。

高句麗も滅んだことで、三国時代は終わりを迎え、朝鮮半島に残る国は新羅のみとなったのです。

そのころ、日本では？

百済の滅亡後、倭国は百済の遺民を摂津《せっつ》（現在の大阪府から兵庫県の一部）に居住させ、百済郡《こおり》を置きました。同様に高句麗が滅ぶと、その難民を受け入れ、武蔵《むさし》（現在の埼玉県）に高麗《こま》郡を設置しています。その後、百済と高句麗の遺民は、日本に大陸文化を伝えながら同化していきます。

知れば知るほどおもしろい朝鮮半島の偉人❷

滅びゆく祖国を最期まで支えた勇将

階伯

ケベク

（613 ～ 660）

10倍もの新羅軍の侵攻をはばむ

新羅と唐の連合軍が百済の王都に迫るなか、奮戦したのが百済の将軍だった階伯です。

新羅の金庾信が率いる5万の大軍を前に、兵5000で迎え撃ちます。階伯の叱咤激励《しったげきれい》を受けた決死の百済軍は、地の利を活かした布陣により、新羅の攻撃を四度もくいとめることに成功します。その際、新羅の有力将軍の子息を捕らえると、若いことを理由に解放したともいいます。しかし、大軍の猛攻を前についに敗北し、階伯は壮絶な戦死を遂げました。

滅亡が明らかとなっていた自国を見捨てず、命尽きるまで戦い抜いたことから、敵将の金庾信も階伯の勇戦をたたえました。

後世において百済最高の忠臣として高く評価されるようになり、2011年には、階伯を主人公としたテレビドラマ『階伯』が韓国で放送されています。

chapter 3

初の統一王朝

統一新羅の成立

百済と高句麗が滅亡したことで三国時代に終止符が打たれました。ただし、残った新羅がそのまま朝鮮半島の支配者とはなりませんでした。唐と対立関係に陥ったからです。

そもそも、唐にとって新羅は、百済や高句麗と同じ辺境国という位置づけであり、新羅に朝鮮半島を支配させる気はありませんでした。その証拠に、唐は百済を滅ぼすと、その地に熊津都督府《とくふ》を置き、唐に従順な百済の旧王族を都督府の長である都督《と》にすえ、唐の監視のもとで自治権を与えました。この都督は自治権を持つ王よりも権力は限定的です。続いて高句麗を滅亡させると、今度は安東《あんとう》都護府を置き、同様に間接支配します。このように、唐が周辺国を間接的に統治する方法を羈縻《きび》政策といいます。羈縻とは馬や牛をつなぎとめる道具のことです。じつは、高句麗遠征の際、唐は新羅の文武王を鶏林《けいりん》大都督に任命していました。

当然、新羅は唐の支配を受け入れられず、両国との関係は悪化します。そして670年、新羅軍が高句麗の遺民軍とともに唐軍を攻撃したことで、両国は戦争状態に突入しました。新羅は唐軍を攻撃しただけでなく、対抗手段として高句麗の旧王族を高句麗王に封じます。その翌年、新羅は旧百済領に駐屯《ちゅうとん》する唐軍を攻撃して勝利すると、旧百済領を支配下に収めます。これに対して唐は、靺鞨と共同で新羅・高句麗遺民軍にあたり、朝鮮半島北部での戦いを優勢に進めました。

そのようななか、唐は文武王の鶏林大都督という肩書きを剝奪《はくだつ》したところ、文武王は唐に使者を送って謝罪し、表向きは臣従する姿勢を示しました。それでも戦争は終わらず、唐は軍を派遣しますが、新羅軍が各地で勝利します。

唐では新羅への再遠征が検討されましたが、西方の周辺国の動きにも対応しなければならず、朝鮮半島に兵力を割《さ》く余裕はありませんでした。結局、唐は676年に、旧百済領、旧高句麗領の都督府を朝鮮半島から撤収させ、新羅の討伐をあきらめます。これを受けて新羅は、高句麗の旧王族の亡命政権を解消します。こうして長らく分裂していた朝鮮半島が、新羅によって統一されたのです。

朝鮮半島の歴史区分では、高句麗が滅亡した668年以降を「統一新羅時代」といいます。新羅による朝鮮半島の統一は、三国がそれまで独自に行ってきた制度や風習を統合することになります。そして旧高句麗や旧百済の民を統治するにあたって、新羅は大きな制度改革に迫られるのです。

新羅の身分制度

統一前の新羅では都である慶州居住者を対象として骨品制《コルプムジエ》という身分制度が確立していました。これは、血統によって身分を定め、王族を聖骨と真骨《チンゴル》に、貴族を六頭品、五頭品、四頭品に分ける制度です。なかでも、両親ともに聖骨である者だけが王位継承権を持ちました。ところが、26代目の真平王以降は聖骨の男子が絶えたため、善徳女王、次いで真徳女王と聖骨の女王が立てられます。その後、真徳女王が死去したことで聖骨はいなくなり、真骨であった金春秋が新たな王となったのです。この武烈王の系統が、以後の新羅の王位を引き継いでいきます。

新羅の制度で宰相《さいしょう》にあたる職を上大等といい、王に次ぐ権力を有していたのは前述したとおりです。真徳女王の代には、官制機構の中枢組織として執事部《チプサブ》が成立し、以後はその長である中侍《チュンシ》が政権運営の担い手になりました。実務を担う臣下の官位は1等から

5等までは真骨が独占していました。6等から9等までが六頭品、五頭品は10、11等、四頭品は12等から17等までと、身分によって就ける官位の上限があったのです。ただし、これは新羅の都における六部のための京位《キョンウィ》という制度で、地方では外位《ウェウィ》という別の制度が設けられていました。外位に任命されたのは主に地方豪族です。統一後、中央官庁は13の上級官庁と、それを支える下部組織へと再編されます。旧高句麗や旧百済の重臣も、新羅の新体制のもとに組み込まれ、新羅人として生きていくことになりました。

新羅の独特な制度に花郎《ファラン》があります。名門貴族の子弟から有望な人材を選出し、英才教育を施す制度です。花郎はきびしい軍事訓練を受け、歌舞音曲に精通し、武勇と忠誠心と団結力を養います。花郎を長とする青少年集団を花郎徒《ファランド》といいます。

花郎の若き兵士は、出陣の際に顔を白く、頬《ほお》を赤く塗《ぬ》りました。独特のメイクは死を覚悟した死化粧《しにげしょう》であり、同時に憑依《ひょうい》状態に自分を追い込む催眠《さいみん》効果をもたらします。新羅のエリート部隊ともいえる花郎徒の活躍は、ほかの兵士の士気を高め、朝鮮半島を統一するにあたって大きな力となりました。

武烈王を補佐した金庾信も、花郎の出身です。金庾信は金官加耶の王族でしたが、新羅では花郎を率いるリーダーとなりました。武烈王と文武王の2代に仕えた金庾信は、実質的な新羅のナンバー2として、太大角干《テデガッカン》という臣下の最高位に就いています。

統一後は戦争が激減したため、花郎徒は芸術に重きを置くようになっていきます。682年の制度改変で、下級官位を対象とした官僚養成機関が設置されると、貴族だけでなく、平民からも有能な人材が抜擢《ばってき》され、花郎の存在意義は薄れていきました。

全国を9つの州に分ける

新羅の都は半島東南の慶州にあり、慶州盆地一帯が王都でした。そのほかの地域は、一定の領域ごとに州を設け、その下に郡、さらにその下に村（城）が置かれていました。しかし、旧百済と旧高句麗領とを合わせると、領土は3倍以上にもなったため、新たな行政区分を設定します。まず、それまでの村（城）を県に改め、州には都督、郡には郡太守、県には県令を派遣して統治することとしました。

また副都として、高句麗との前線基地だった国原城《クグウン》を北原京《プグウォン》、平原城《ピョンウォン》を中原京《チュンウォン》と定めました。さらに、金官加耶の都があった地を金官京とし、685年には旧百済の要衝に西原京《ソウオン》と南原京《ナムウオン》を設置します。これらは五小京《オソギョン》と総称され、政治や文化面から都の統治を補完し、地方で反乱が起こったときには都を守る位置に配置されたといえます。

新羅の地方統治体制は、687年までに全国を9つの州に区分して治める制度が整ったことで完成します。高句麗と百済の旧領域それぞれの3州と、もとからの新羅の領域の3州からなり、九州《クジュ》と総称されます。地方の行政区分を再編することで、高句麗と百済の遺民に、新羅が1つの国家であることを印象づけるねらいがありました。

　軍制も改編されます。地方では、6世紀半ば以降進めら

統一新羅の行政区分

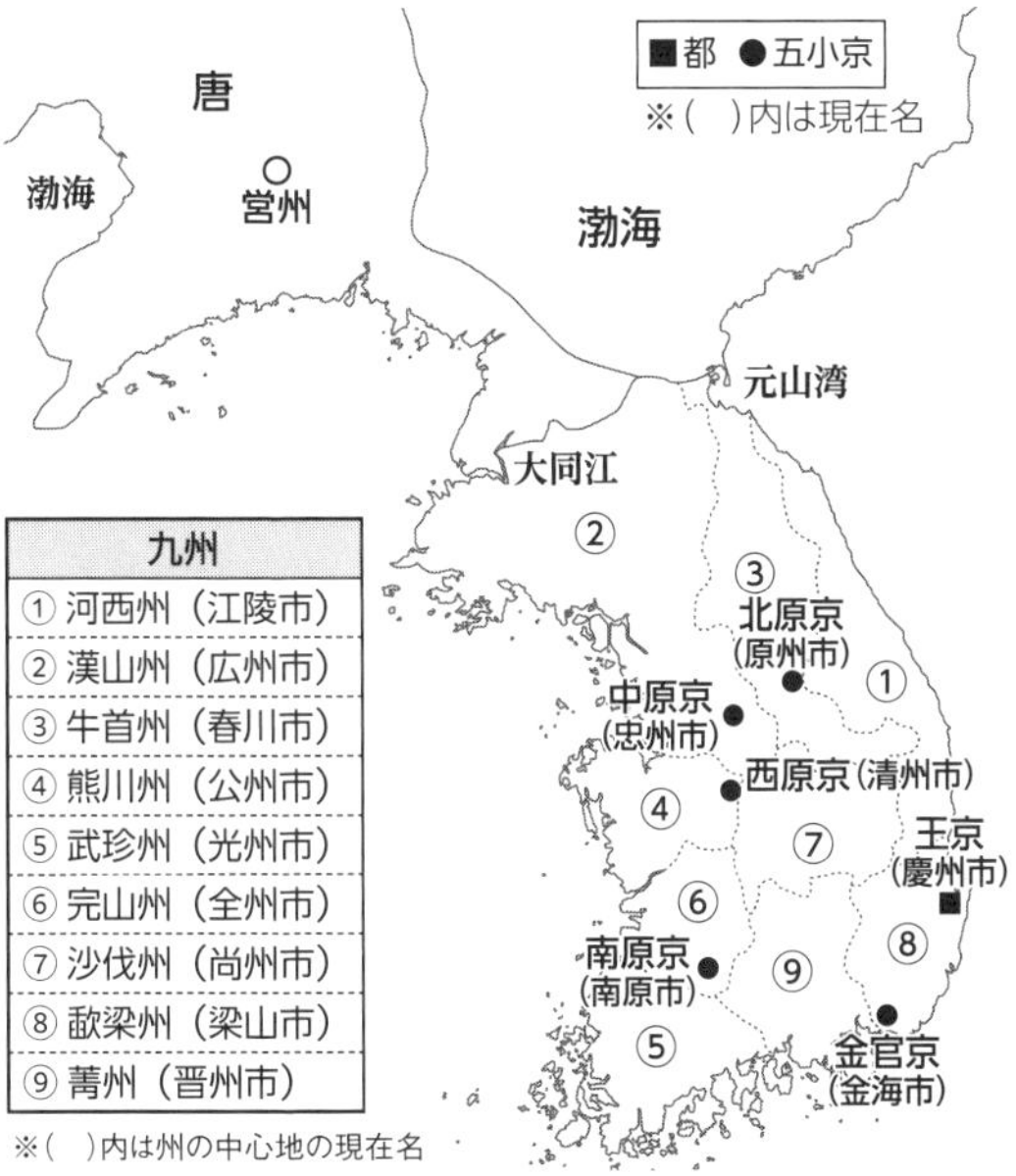

九州
① 河西州（江陵市）
② 漢山州（広州市）
③ 牛首州（春川市）
④ 熊川州（公州市）
⑤ 武珍州（光州市）
⑥ 完山州（全州市）
⑦ 沙伐州（尚州市）
⑧ 歃梁州（梁山市）
⑨ 菁州（晋州市）

※(　)内は州の中心地の現在名

れてきた六停《ユクチョン》と呼ばれる6つの歩兵軍団の増備が685年に完了しました。加えて、十停《シプチョン》と呼ばれる騎兵軍団も687年ごろまでに整えられました。一方、中央では、6世紀前半から始まった歩兵・騎兵混成軍の整備が693年までに完了します。新羅人の3軍団に加え、高句麗遺民の3軍団と百済遺民の2軍団および靺鞨人の1軍団で構成されており、九誓幢《クソダン》と呼ばれました。

日本との微妙な距離感

先に述べたように、668年の高句麗の滅亡後、新羅は唐と対立するようになりました。そこで南方の安全を確保しようと、白村江の戦い以後、敵対していた倭国（以降、日本）に接近します。7世紀末までに日本へ派遣された使者は25回にもおよびます。日本もこれに応え、同期間内に使者を9回、新羅に派遣しています。日本にとっても唐は警戒の対象であり、律令国家としての体制を整備するためには、新羅の制度や文物を導入する必要があったからです。

実際、672年に起こった壬申《じんしん》の乱ののちに即位した天武天皇は親新羅政策をとり、次の持統天皇の時代には新羅からの渡来人を積極的に受け入れています。なお、当時の日本は、新羅に朝貢の形式を求め、新羅も当初は受け入れていました。ところが、唐の勢力を朝鮮半島から排除し、統治体制が整備されてくると、新羅は日本に対等の関係を望むようになっていきました。

735年には、新羅が無断で王城国《ワンソングク》と国号を改めたとして、日本は不快感を示します。その翌年、遣新羅使の阿倍《あべの》継麻呂《つぐまろ》がぞんざいな待遇を受け、しかも疫病《えきびょう》にかかって命を落とします。こうして日本と新羅の関係は悪化し、新羅の使者は九州の大宰府《だざいふ》（現在の福岡県太宰府《だざいふ》市所在）に留めおかれ、都に入れなくなりました。このとき、新羅に派兵する計画が朝廷では持ち上がったといいます。これに対して新羅は、日本の侵攻に備えて王都の南に城を築いていています。結果的に、新羅と日本は780年に国交を断絶し、

そのころ、日本では？

日本と新羅の対立は、唐にも持ち込まれました。遣唐使の大伴《おおともの》古麻呂《こまろ》は、753年の長安での新年朝賀《ちょうが》の場で、新羅の使者と席次を争っています。このときは、日本側の主張が通ったものの、新羅との関係はさらに悪くなり、この年の遣新羅使は、新羅王との対面を拒否されています。

公式の往来は途絶えます。ただ、民間においては交易が行われていたようです。

高句麗遺民の脱走

新羅は高句麗を滅ぼしたものの、その領域のすべてを支配下に置くことはできませんでした。新羅の支配がおよんだのは大同江《テドンガン》と元山湾《ウオンサン》を結ぶ線より南の地域に留まり、現在の中国東北部にまで広がっていた旧高句麗領の大半は、唐の支配下にありました。しかも高句麗遺民の多くは、唐が東方の諸民族を監視し、支配するための拠点である営州《えいしゅう》（現在の中国遼寧省朝陽市《ちょうようし》）に移住させられていました。

そのころ唐では、高宗の皇后が実権を握り、新たに周という王朝を打ち立てていました。これが中国史上唯一の女帝である則天武后《そくてんぶこう》です。周では恐怖政治がしかれ、辺境の民族は収奪の対象とされました。

営州でも、地方長官による圧政に契丹族や高句麗遺民は苦しみます。696年、耐えかねた契丹族が反乱を起こすと、これに乗じて高句麗遺民も唐に離反し、故国の地へ向かいました。このとき高句麗遺民を率いたのが、高句麗の被支配民族であった靺鞨族の乞乞仲象《きつきつちゅうしょう》です。靺鞨族はいくつかの部族に分かれており、乞乞仲象は粟末部《ぞくまつ》（粟末靺鞨）の出身でした。やがて、乞乞仲象の子である大祚栄《だいそえい》の指揮のもと、６９８年、かつての高句麗領に「震国《しんこく》（振国）」が打ち立てられました。

大祚栄は東方に勢力を拡大しながら、契丹族や新羅、日本に使者を送り、唐に対抗しようとしました。なお、このころすでに周は倒れ、唐が再興されています。対して唐は、時には軍事的な圧力を加え、時には官職を与えて大祚栄を懐柔《かいじゅう》しようとしました。

７１３年には、唐の第9代皇帝である玄宗《げんそう》により、大祚栄は渤海郡王に封じられます。現在、遼東半島と山東半島に挟まれた内海を渤海といいますが、渤海郡はもともと、この海に面した地域に設置されていた中国の郡です。震国が位置していたのは、この渤海郡よりも北東に遠く離れた内陸部でした。ともあれ、大祚栄は唐のもとで自治権を保つことを選択し、渤海郡王の称号を受け、国号を「渤海《パレ》」と改めて渤海王となり、形式上は唐に臣従します。これにより、渤海に対する唐の警戒心がゆるむと、2代目の渤海王の大武芸《だいぶげい》は領土の拡大を進め、周辺地域に点在する靺鞨の諸部族を次々と編入していきます。ところが、このころになると、建国当初は友好関係にあった新羅との関係が悪化します。南下する渤海と北上する新羅とが接するようになり、利害関係が生まれたのです。さらに唐と渤海の関係が悪化すると、唐の要請に応じて、新羅も渤海討伐の兵を挙げます。この遠征は失敗しますが、唐は出兵を評価し、新羅と唐の関係は改善しました。周辺を敵に囲まれることになった渤海は、727年に日本へ使者を送って国交を結びます。渤海の使者が聖武天皇《しょうむ》と面会し、毛皮を贈ったという記録も残っています。

3代目の渤海王の大欽茂《だいきんも》は、唐との関係を改善しようと頻繁に使者を送り、唐の文化を積極的に取り入れました。それが評価され、郡王より格上の渤海国王に封じられます。

その後、大祚栄の弟の四世孫にあたるとされる大仁秀《だいじんしゅう》が818年に10代目の王として即位すると、渤海の王統は大仁秀の子孫が受け継いでいくことになります。大仁秀は王権を強化し、周辺の諸部族を取り込んでいった結果、現在のロシアの沿海地方にまで領土を広げ、敵対する黒水靺鞨も支配下に収めるほどの勢力となりました。

ところが10世紀に入ると、内紛と諸部族の離反によって国力が低下します。そして、後ろ盾である唐が907年に滅びると、925年には北方で勢力を広げてきた契丹族の侵攻を受け、翌年には王都が陥落し、15代228年続いた渤海は滅亡しました。

渤海は高句麗の後継か？

初代渤海王である大祚栄が建国した際、多くの高句麗遺民が従っています。それゆえ、渤海が高句麗の後を受けた朝鮮民族の国家なのか、それとも中国の辺境民族が打ち立てた地方政権と位置づけるかで意見が分かれています。これを「渤海国論争」といい、中国と韓国・北朝鮮の間で議論されています。

新羅は、渤海を高句麗の別種と位置づけており、10世紀に朝鮮半島に成立する高麗《コリヨ》（こうらい）は渤海を兄弟国とみなしていました。現代でも、韓国や北朝鮮は渤海を朝鮮半島の王朝の後継とし、統一新羅と並立していた時代を南北国時代と呼んでいます。

11世紀に成立した中国の歴史書『新唐書』によると、渤海は高句麗に付属していた靺鞨族が打ち立てた国として、高句麗とは別の国とみなしています。

2000年代の中国において、中国東北部の歴史研究プロジェクトである東北工程《とうほくこうてい》が進められ、渤海は中国の地方政権であったという調査結果が発表されました。さらに、高句麗の始祖である東明聖王が扶余の出身であったことから、同じ系統の建国神話を持つ高句麗と百済も、中国の辺境民族と位置づけられました。朝鮮半島を中国の一部とする考えは、漢四郡が置かれた時代から根強く残っており、現代の中国の歴史観にも影響を与えているのです。

とはいえ、この主張に従うと、新羅も中国の地方政権ということになってしまいます。北朝鮮と韓国は東北工程に反発し、外交問題に発展します。その後、学術的な討論を通じて解決することで双方は合意し、政治問題化しないこととされました。しかし、現在でもたがいの主張をもとに、中国では高句麗のことを中国の地方政権として記述し、韓国では大祚栄を主人公としたテレビドラマ『大祚栄《テジョヨン》』が製作されています。実際のところ、渤海は靺鞨族や契丹族、旧高句麗遺民などによる、多民族国家だったといえます。

新羅仏教の隆盛

新羅の話にもどります。12世紀に編纂された『三国史記』では、新羅の歴史を「上代《サンデ》」「中代《チュンデ》」「下代《ハデ》」の3つの時期に分けています。このうち上代は、神話時代を経て聖骨の王が続いた真徳女王まで、中代は、三国統一を果たした武烈王の直系が続いた

35代目の景徳王《キョンドク》までの約100年間に相当します。この中代に新羅は最も繁栄しました。文武王と神文王《シンムン》により王権が固められた新羅は、唐との関係が改善したことで安定期を迎えます。33代目の聖徳王《ソンドク》は渤海と対立し、日本との関係も険悪になりましたが、唐からは新羅王に冊封され、唐の権威を背景に国内を安定させたのです。

王京とも表記される都（現在の慶尚北道慶州市）は東西8キロメートル、南北10キロメートルほどの狭い盆地に位置し、唐にならって坊里制《ぼうり》（碁盤《ごばん》の目のような区画割り）の都城を築き、王宮である月城の周囲には貴族の邸宅、さらに西市、東市、南市の三市を置きます。最盛期には1360坊55里に区画整理され、17万戸もの人々が居住する東アジア有数の都市でした。

6世紀から仏教が国教とされたことで、僧侶の唐への留学が盛んになります。とくに新羅で信仰を集めたのが華厳《ファオム》（けごん）宗です。浮石寺《プソク》や海印寺《ヘイン》など華厳十刹《じっさつ》と総称される寺院が建立されました。四天王寺《サチョナン》や感恩寺《カムン》など、王京だけで200余りの寺院があったとされます。なかでも、751年に景徳王によって始められた仏国寺《プルグク》の建立は、完成まで23年もの歳月が費やされました。仏国寺は現在の韓国最大の仏教宗派である曹渓宗《チョゲジョン》の総本山であり、同時期に建立された石窟庵《ソクラム》とともにユネスコの世界文化遺産に登録されています。慶州周辺の古墳や歴史的遺物についても、「慶州歴史地域」としてユネスコの世界文化遺産に登録されています。

反乱の多発で衰退

繁栄を極めた新羅ですが、都が繁栄する一方で地方の農村は疲弊していきました。農民には、自分たちが耕作する土地のほかに、国直轄《ちょっかつ》の農地の耕作、牛馬の飼育や山林の造成、兵役など、さまざまな負担が重くのしかかったためです。

農民の負担でうるおっていた都も、けっして平穏ではありませんでした。8歳で即位した36代目の恵恭王《ヘゴンワン》の在位中には何度も反乱が起こっています。反乱を起こしたのは、王を頂点とする体制から、貴族連合体制への回帰を目指した貴族たちです。六度目となる反乱では、上大等の金良相《キムヤンサン》が、金敬信《キムギョンシン》と共謀し、恵恭王を殺害してしまいます。

恵恭王が殺害されて以降の時代が下代です。下代は、貴族間での王位をめぐる争いが激化した混乱の時代といえます。王を殺した金良相が即位して37代目の宣徳《ソンドク》王となりますが、まもなく病死したため、金敬信が即位して38代目の元聖《ウォンソン》王となります。9世紀に入り、40代目の哀荘《エジャン》王の時代、新羅は日本との国交を回復しています。８０９年にはこの哀荘王が殺害され、これ以降も謀反《むほん》による王位交代が続きます。

9世紀末には、中央の混乱に加えて災害も重なり、飢《う》えた農民による地方反乱が多発します。海賊化した新羅の賊徒《ぞくと》が、日本で海賊行為を働いたという記録もあります。このころには、善徳、真徳女王に次ぐ、3人目の女王となる51代目の真聖《チンソン》女王が在位していましたが、反乱が多発した責任をとって譲位します。それでも反乱は収まらず、地方勢力を糾合《きゅうごう》した各地の豪族は、将軍や城主の肩書きを勝手に名乗るようになります。

後三国時代の到来

新羅の地方反乱は、やがて国内を群雄割拠の状態とします。そのなかでも大きな勢力を保持したのが、甄萱《キョンフォン》、梁吉《ヤンギル》、梁吉の部下の弓裔《クンイエ》です。

後三国時代の勢力図

甄萱はもともと農民でしたが、軍人として頭角を現します。892年に兵を挙げると、武珍州《ムジン》を占拠し、周辺勢力を支配下に治めます。900年には後百済王を名乗って、完山州《ワンサン》を都とし、新羅からの独立を宣言しました。

有力軍閥の出身である梁吉は、部下の弓裔の働きもあって勢力を拡大しました。けれども両者は争うようになり、梁吉は弓裔に倒されます。そして901年、弓裔は「後高句麗」を打ち立てます。

弓裔は金姓を持つ新羅の王族と伝えられますが、庶子だったため寺に預けられていたといいます。反乱が多発すると寺を抜け出して盗賊となり、梁吉のもとで力をつけていきます。後高句麗を打ち立てた弓裔は、904年に国号を「摩震《マジン》」と改め、都を松嶽《ソンアク》

（現在の北朝鮮開城《ケソン》市）から鉄円《チョルウォン》（現在の江原道鉄原《チョルウォン》郡）に移します。911年には国号を「泰封《テボン》」と改称しました。

甄萱の後百済、弓裔の後高句麗、衰退の一途をたどる新羅が並び立った時代のことを「後三国《フサムグク》時代」といいます。期間は約40年ほどですが、三国の勢力分布は朝鮮半島における高句麗、百済、新羅の旧支配域とほぼ重なります。

王建による再統一

後三国のうちで最大勢力が、後高句麗（摩震／泰封）でした。弓裔は王位に就くと、自身を弥勒菩薩《みろくぼさつ》の化身と称して、しだいに暴君となり、臣下や民に対して拷問《ごうもん》や処刑を行いました。ついには、その行いを諫めた自身の妻までも処刑したことで、民心は完全に離れます。

そのころ、日本では？

630年に初めて派遣されて以来続いていた遣唐使でしたが、8世紀半ばに内乱が起こるなどして唐の国力が衰えると、派遣の頻度は減っていきます。894年には菅原道真の建議によって遣唐使の派遣の是非が朝廷内で議論された結果、中止が決まり、その後、907年に唐が滅亡しました。

そのようななか台頭してきたのが、貿易で財を成した松嶽の名家の出身である王建《ワンゴン》（おうけん）です。王建はいち早く弓裔に従い、水軍の将軍として後高句麗の建国に貢献します。建国後は松嶽城主、鉄円太守として都の防衛を任されるなど、弓裔から信頼されていました。ところが、弓裔が暴君となると関係は悪化し、弓裔から疑いの目を向けられます。一方で重臣たちは、公正な人物である王建に期待を寄せるようになります。

そして918年、王建は重臣たちとともにクーデターを決行し、弓裔を追放して、新たに「高麗」を打ち立てます。なお、追放された弓裔は逃亡中に殺害されたといいます。

高麗の初代の王となった王建は、自身の本拠地である松嶽を都とし、開京《ケギョン》と称します。各地の豪族とは婚姻によって結束を強めようとしたため、妻は29人にもなりました。さらに、血統を重視した従来の官位制度を転換し、勢力の大きさや功績に応じて官位を与えるという新たな統治体制を築きます。

外交面では、中国王朝である後梁《こうりょう》に使者を送り、次いで後唐《こうとう》から高麗国王に封じられています（くわしくは96ページを参照）。また、新羅と友好関係を築き、後百済と対抗します。その新羅では、53代目の神徳《シンドク》王から始祖である朴氏の系統に王位が移っていました。927年、宴会中に後百済軍に都を襲撃され、55代目の景哀《キョンエ》王が自害に追い込まれます。攻めた後百済の甄萱は金氏を即位させます。これが新羅最後の王である56代目の敬順《キョンスン》王です。

高麗と後百済との対立姿勢は強まり、一進一退の状況が続くなか、935年に後百済で王位継承をめぐる争いが起こります。すると、敬順王は情勢を見極め、高麗に領土をゆずります。さらに翌年、後百済の継承争いの結果、甄萱が長男の神剣《シンゴム》に追放されます。王建は仇敵《きゅうてき》である甄萱を受け入れると、同年に神剣を討伐し、後百済を滅亡させました。甄萱は後百済の滅亡を見届けた直後に病死します。

こうして、新羅末期に分裂状態になっていた朝鮮半島は、王建の手によって再統一されたのです。

知れば知るほどおもしろい朝鮮半島の偉人❸

東アジアをまたにかけた海の覇者

張保皐

チャンボゴ

（?～841）

延暦寺の碑にその名が刻まれている

張保皐は、統一新羅時代の交易商人であり軍人です。もとの名を弓福といい、唐に渡って軍人となり、新羅に帰国すると、42代目の興徳《フンドク》王のもとで海賊討伐に功績を挙げました。さらには唐と新羅、日本にまたがる海上交易で大きな富を築きます。この豊かな資金と海軍力を背景に、神武王の即位に協力しています。

しかし、功績をねたむ新羅の重臣らに謀反の疑いをかけられ、それを信じた王が放った刺客に暗殺されました。

近年は海外交易と海上覇権の先駆者として再評価され、韓国海軍の潜水艦名として現在に受け継がれています。

なお、その名は日本にも伝わっています。唐から帰国しようとしていた僧侶の円仁《えんにん》を日本に送り届けたことがきっかけです。円仁は3代目の天台座主《ざす》となると、延暦《えんりやく》寺《じ》の敷地内に感謝の意を込めて「清海鎮《せいかいちん》大使張保皐碑」を建てています。

chapter 4

高麗の興亡

「Korea」の語源

高麗という国号は、高句麗に由来するものです。高句麗は5世紀ごろから自国のことを高麗とも称していました。このことから、王建はみずからが打ち立てた新しい王朝を高句麗、そして後高句麗の後継者と位置づけていたことがうかがえます。ちなみに、高句麗はもともと貊族が打ち立てた国ですが、日本では「狛」を「貊」字の代わりに使用し、「こま」と読みます。同様に「高麗」と書いても「こま」と読みました。いずれも高句麗を指しています。さらに、韓国の英語名である「コリア（Ｋｏｒｅａ）」も、高麗に由来しています。

王建は、自身の出身地である開京を都としたほか、高句麗の都であった平壌を西京《ソギョン》として再開発し、民の移住をうながします。９２６年、渤海が契丹族の侵攻によって滅亡すると、多くの難民が高麗に流れ込んできました。王建は高句麗という同じルーツを持ち、兄弟国ともいえる渤海の民、さらに亡命してきた渤海の王族も受け入れ、自身と同じ姓を与えて厚遇しました。

高麗の歴代君主

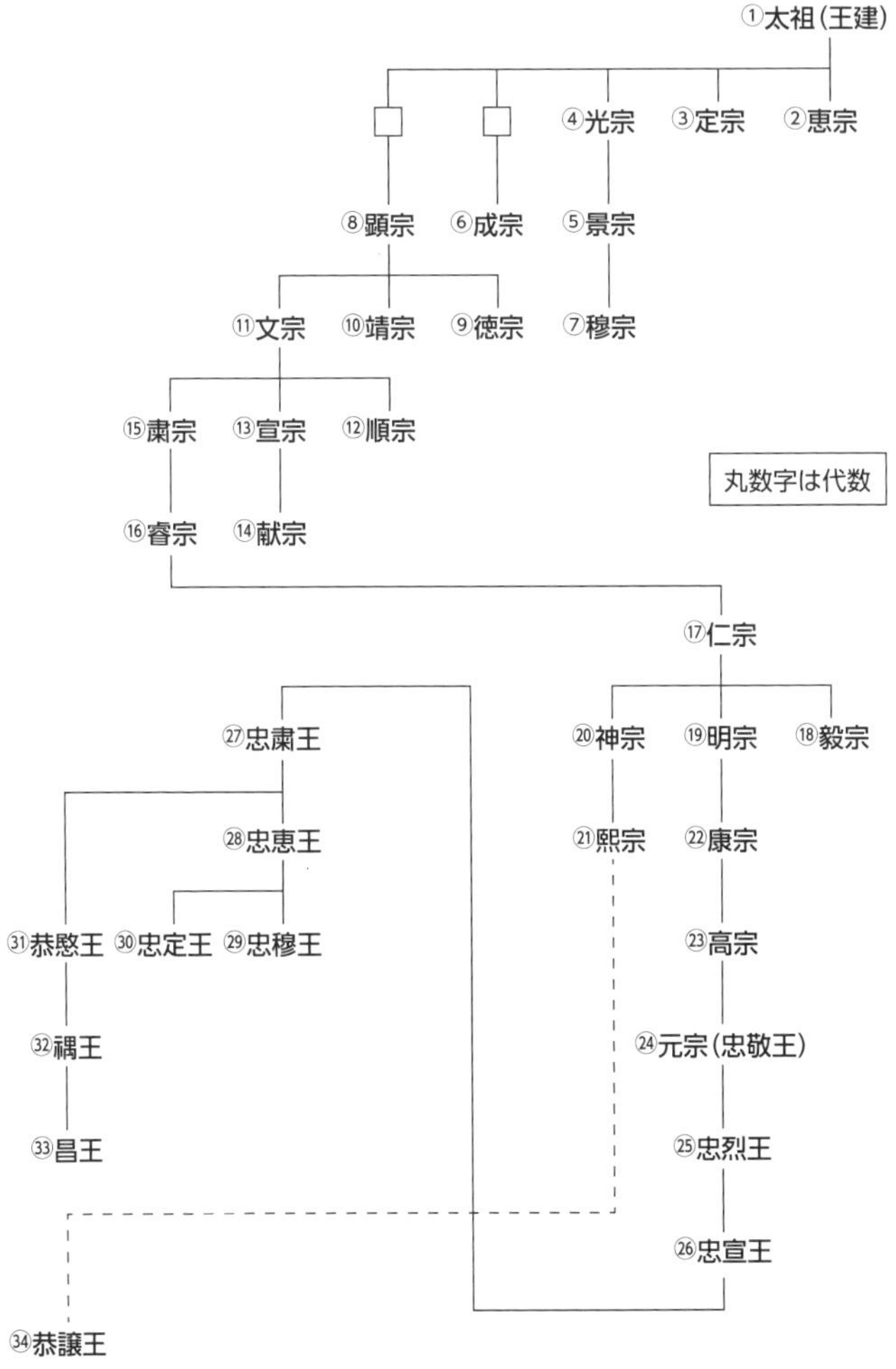

①太祖(王建)
④光宗
③定宗
②恵宗
⑧顕宗
⑥成宗
⑤景宗
⑪文宗
⑩靖宗
⑨徳宗
⑦穆宗
⑮粛宗
⑬宣宗
⑫順宗
丸数字は代数
⑯睿宗
⑭献宗
⑰仁宗
㉗忠粛王
⑳神宗
⑲明宗
⑱毅宗
㉘忠恵王
㉑熙宗
㉒康宗
㉛恭愍王
㉚忠定王
㉙忠穆王
㉓高宗
㉜禑王
㉔元宗(忠敬王)
㉝昌王
㉕忠烈王
㉖忠宣王
㉞恭譲王

同様に、新羅の王族も厚遇します。最後の新羅王となった敬順王が高麗に降伏したとき、王建は敬順王の妹を妃に迎えるとともに、自身の長女を敬順王の妃としたのです。これは、高麗が新羅の正統な後継国であることを示す政略結婚ともいえます。しかも敬順王には、新羅の旧都を食邑《しょくゆう》（領地）として与え、その地を治める地方官に任じました。

初代が遺した統治の方針

国内をまとめた王建は、943年に67歳で死去します。その1カ月前には「訓要十条《フンヨシプチョ》」を定め、子孫代々伝えていくよう遺言しています。それは次のような内容のものです。

①建国は仏の加護によるものなので国家がしっかりと寺院を保護・管理すること。
②寺院の創建は風水に従い、乱立しないこと。
③王位は長男の世襲《せしゅう》とするが、適任でない場合は臣下の推挙でほかの子を立てる。
④中国の風習を妄信《もうしん》しないこと。契丹は禽獣《きんじゅう》の国なのでその制度には従わない。
⑤西京（平壌）は地脈《ちみゃく》の根本なので、王は年間100日以上過ごすこと。
⑥仏教の祭事である燃燈会《ヨンドゥンフェ》と、山河の神を祀《まつ》る八関会《パルグァンフェ》を開催すること。

⑦諫言《かんげん》に従い、讒言《ざんげん》を遠ざけ、信賞必罰により民の信頼を得ること。
⑧旧百済領（諸説あり）は地脈が悪いので、人材を登用しないこと。
⑨臣下と軍人の給料の増減は慎重に。農民の負担を減らして富国安民を心がける。
⑩国を治める者は平時でも、経書や歴史書を読み、過去の事例を戒《いまし》めとすること。

注目すべきは、仏教に言及した遺訓が複数あることでしょう。これに従い、以後、高麗では仏教を厚く保護します。ただし、風水思想をもとに平壌の地を重視し、寺院の創建を限定するなど、必ずしも仏教だけに肩入れしたともいえません。風水は古代中国で生まれた思想で、地中の気の流れ（地脈）をみることで吉凶を判断するものです。東アジア一帯で広まり、都を置く土地を決定するときなどに活用されていました。日本の平安京も風水をもとに立地されています。

第10条では儒教の経典や歴史書をよく読むように伝えています。儒教も古代中国で生まれ、孔子《こうし》を開祖とする思想です。同じく東アジアに広まり、中国の歴代王朝において統治の規範として利用されてきました。

とはいえ、中国を敬いながらもその文化に依存しないよう、また契丹を野蛮《やばん》な国としてその制度を見習わないよう第4条で釘《くぎ》を刺しています。第8条は、一般に後百済の領域（旧百済領）に住む人々を対象にしたものと理解されています。風水によれば、百済の地は地脈が逆のため、そこに住む人々は反逆しやすいので登用してはならない、というのです。しかし、実際には後百済出身者も多く登用されています。

激化する後継者争い

王建の没後、長男が即位しますが2年で病死し、次に即位した三男も即位4年で病死します。けれども、この恵宗《ヘジョン》からの定宗《チョンジョン》への王位継承は、単に王の病死のみでは片づけられない側面がありました。王建は国内をまとめるにあたって、婚姻関係を結ぶことで有力豪族などを味方につけていきました。その結果、29人もの妃との間に、正式に認められているだけで男子が25人、女子が9人いました。すると、王妃を輩出《はいしゅつ》した一族が貴族化し、外戚（王の親族）として権力を握ろうと考えるようになり、権力争いが激化したのです。実際、恵宗の即位後、王妃の父である王規《ワンギュ》が実権を握っています。

恵宗の死後、その王規が恵宗を暗殺したとの疑惑が浮上し、９４５年、王規の一族は処刑されます。この王規の乱を鎮圧して王位に就いた定宗でしたが、定宗も後ろ盾となった大臣に実権を握られたまま、９４９年に死去します。

　有力な臣下によって王の地位が左右されるこのような状況に立ち向かったのが、王建の四男の光宗《クアンジョン》です。光宗は９５５年、国家の課税地確保を目指して、全国を対象とする大規模な農地測量に着手しました。

　さらにその翌年には、奴婢按検法《ノビアンゴムボプ》を公布します。所有主のために各種の労役や物資生産に使役される存在である奴婢を個々に点検し、不当にこの身分に落とされていると判断した者を解放したのです。新羅末期以来の豪族やその系譜を引く当時の有力な臣下たちは広大な私有地を持ち、大量の奴婢を財産として所有していました。光宗は、そうした人々の経

済的な基盤に目を光らせ、その力を削《そ》ぐことを意図したのでした。

高麗の建国より少し前、中国大陸では唐が滅び、五代十国時代《ごだいじっこく》に入ります。以後、宋《そう》(北宋《ほくそう》)が全国を統一するまでの約70年間、華北には5つの王朝が相次いで興亡し(五代)、華中・華南(および華北の一部)には多くの小国が割拠しました(十国)。

高麗は、王建が初めて後梁に使者を送って以来、五代の諸王朝と通交し、後唐以後の王朝からは冊封を受けていました。光宗も例外ではありませんでしたが、その一方で国内では皇帝を自称します。中国の皇帝の臣下という位置づけにある高麗の王が、国内向けとはいえ、皇帝を名乗ることは冊封の秩序に反するものです。にもかかわらず、光宗が皇帝を自称したのは、中国王朝の影響力が低下していたことに乗じて、国内での王の権力強化を目指したからにほかなりません。

科挙の導入と両班

光宗の制度改革で注目すべきは「科挙《クアゴ》」の導入でしょう。科挙とは、試験によって優秀な人材を官僚として選抜する制度で、中国の隋の時代に始まり、その後の中国王朝に引き継がれていったものです。光宗は、中国から帰化した雙冀《サンギ》という人物を重用し、その建議にもとづいて958年に初めて科挙を実施しました。

高麗時代の科挙には、詩や賦《ふ》といった各種の文章作成能力を問う製述科《チエスル》、四書五経など儒教の経典の知識を問う明経科《ミヨンギヨン》、実用的な算術、医学、天文地理などの知識・技能を試験する雑科《チヤプ》がありました。このうち製述科と明経科はエリート官僚の登龍門でした。これらとはやや性格を異にしますが、仏教の権威を高めるために僧侶を対象とした僧科《スン》も設置されます。

光宗が科挙を導入した背景には、新たな人材を見出すことで、貴族化した豪族勢力を牽制するという意図もありました。広く優秀な人材を集めるという建前から、庶民にも科挙の受験資格が認められていましたが、受験勉強に専念するには恵まれた学習環境と経済力が必要だったため、科挙受験者の多くはおのずから官僚や地方の郷吏《ヒヨンニ》（くわしくは102ページ参照）などの子弟に限られていました。

しかも、高官の子弟には科挙を経ずに官僚となる道も開かれていました。これを蔭叙《ウムソ》といいます。官僚の官位は最上位の一品から最下位の九品まで、大きく九等級に分かれており、蔭叙の対象となったのは五品以上の官位を有する高官です。国家の慶事などの際、子弟中の1人に限って無試験での官僚登用が許されていたのです。五品以上の高官には、このほか功蔭田柴《コンウムジョンシ》という特別な土地支給も行われていました。蔭叙制度や功蔭田柴の支給は、当時の高官が貴族的性格を強く持っていたことを示すものです。

ここで、もう少し高麗の官僚制度についてみておきましょう。高麗では文武の官僚のことを「両班《ヤンバン》」と総称しました。両班の「班」は順序ないし列という意味です。王が王宮の正殿で官僚の謁見《えっけん》を受ける儀式の際、南を向く王に対し、文臣《ムンシン》は東側に、武臣《ムシン》は西側に、それぞれ官位の高い者から班をつくって整列しました。そこで文臣のことを文班《ムンバン》もしくは東班《トンバン》、武臣を武班《ムバン》もしくは西班《ソバン》といい、両方合わせて両班といったのです。

ただし、国政を担ったのはもっぱら文臣でした。武臣は最高でも三品どまりで、文臣とくらべると一段低い存在としてあつかわれました。科挙もあくまで文臣を登用するためのものであり、武臣を選抜する科挙は、高麗時代には実施されませんでした。

両班をはじめとして国家権力にかかわる者たちには、王建が存命中の940年から土地の支給がなされていました。光宗の次の景宗《キョンジョン》の時代になると、その土地支給制度を発展させた田柴科《チョンシ》という制度が整備されるようになります。官位や職務内容に応じて所定の面積の耕作地（田）と燃料採取地（柴）を支給するものです。田柴科はその後、何度かの改正を経て、１０７６年にほぼ完成しました。なお、この田柴科は、名称こそ似ていますが、先に述べた功蔭田柴とはまったく別の制度です。

官僚制度に関連する光宗の業績として、官僚が着用する官服を定めたことと、文散階《ムンサンゲ》と呼ばれる中国式の官位を導入して、建国直後から用いられてきた在来の官位制度と併用するようにしたことも挙げておきます。ちなみに、成宗《ソンジョン》の治世になると、文武の中央官僚の官位は文散階に一本化されます。従来の官位は異民族出身者や地方の豪族など、中央官僚以外の者を対象に使用されるようになりました。これは、中央官僚とそれ以外の官位保持者との間に、明確な格差が設定されたことを意味します。

光宗の改革は、既得権益を持つ貴族からの猛反発を受けます。貴族の反発に対し、光宗は粛清という断固たる態度で臨みました。後世、光宗は王権を強化して高麗の基礎を固めた名君と評価されています。一方で治世の後半になるほど粛清が激化し、親族や無実の者も処刑したことから、暴君として批判も受けています。

中央と地方の制度が確立

光宗の死去後、跡を継いだ景宗は政務にあまり熱心ではなく、長男がまだ幼いことから、いとこを次の王に指名しました。その成宗は、景宗の遺児が成長すると王位をゆずります。これが穆宗《モクチョン》です。しかし、穆宗の即位当初は、景宗の正妃で生母でもある献哀王后《ホネワンフ》（千秋太后《チョンチユテフ》）が実権を握っていました。これに臣下の康兆《カンジョ》が反発し、献哀王后を幽閉してしまいます。この事件で穆宗は退位させられたうえに殺害されます。

そうして即位したのが顕宗《ヒョンジョン》です。顕宗は王建の孫にあたりますが、父親が不義で流罪《るざい》となったため、成宗に養育されました。男子のいない穆宗により王太子とされ、献哀王后から命をねらわれたともいいます。紆余曲折《うよきょくせつ》を経て即位した顕宗の系統が、以後、高麗の王位を引き継いでいきます。

高麗の支配体制は、成宗から11代目の文宗《ムンジョン》に至るまでの間に整備されます。まず中央の統治機構は唐と宋の制度を参考に、政策を決定する中書門下（省）、王命の伝達と軍機を司る枢密院、行政全般を統括する尚書省を置き、尚書省の下には吏部、戸部、礼部、

高麗の行政区分

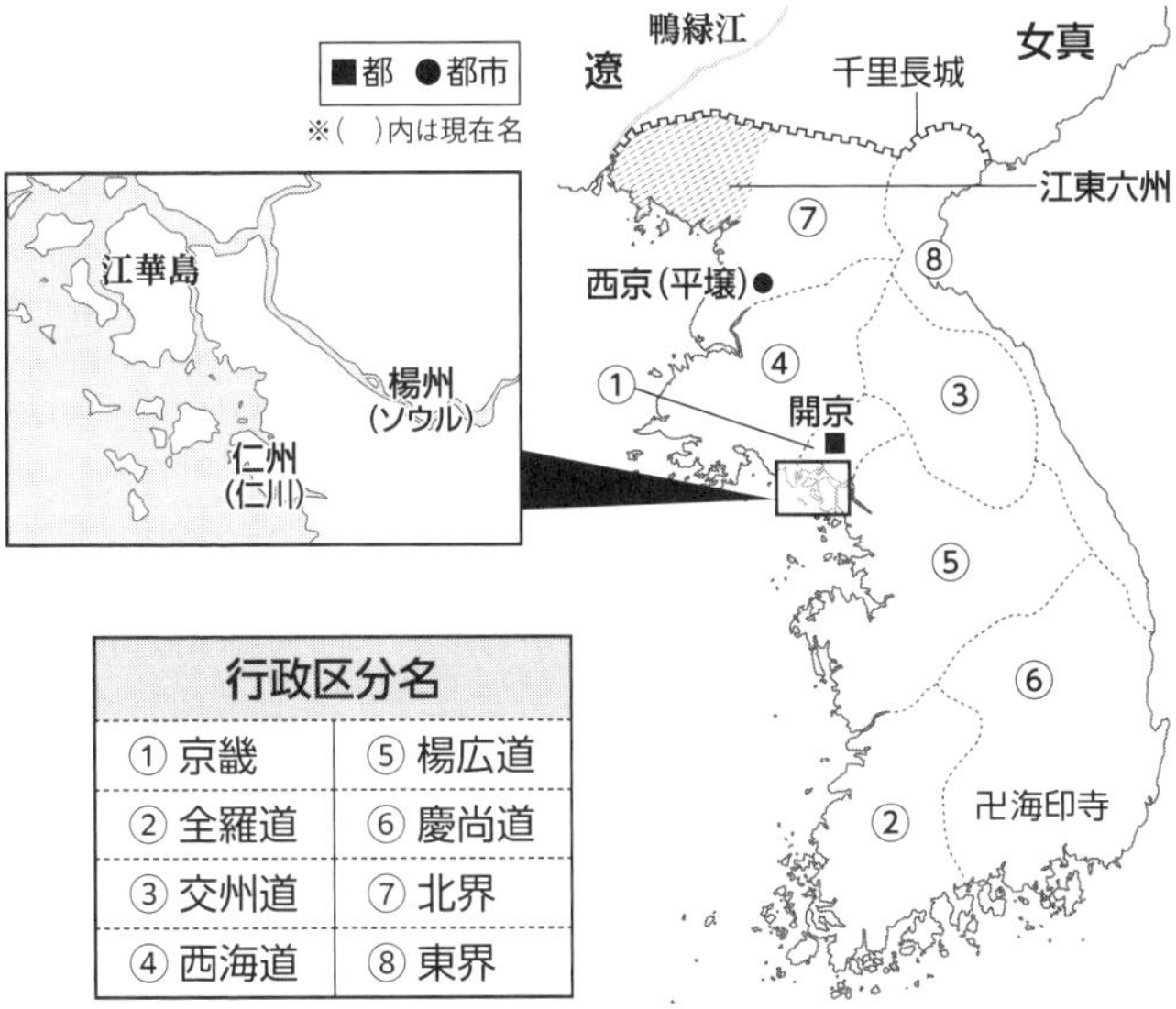

行政区分名	
① 京畿	⑤ 楊広道
② 全羅道	⑥ 慶尚道
③ 交州道	⑦ 北界
④ 西海道	⑧ 東界

兵部、刑部、工部の六部を置きました。また、中書門下省と枢密院の高官による合議機関である都兵馬使《トビョンマサ》（のちの都評議使司《トピョンウイササ》）では、国政上の重要案件が審議されました。

軍事面では、王宮を守る二軍を親衛隊とし、王都を防衛する六衛《ユグィ》を中央軍として設置します。二軍六衛の上将軍と大将軍各8名ずつによる重房《チュンバン》が軍事の最高機関とされ、合議によって運営されました。

地方の行政区分は、11世紀に入ってほぼ定まります。都である開京の周辺地域を中央直属の「京畿《キョンギ》」とし、それ以外の地域には、広域の行政区分として道《ト》と界《ケ》を設定しました。道の数は時期によって変動しましたが、最終的に、西海道《ソヘ》、交州道《キョジュ》、楊広道《ヤングァン》、慶尚道、全羅道の「五道《オド》」で落ち着きます。一方で界は、北方の辺境地域に設けられた軍事優先の特殊行政単位であり、北部の鴨緑江左岸一帯を北界、東部の沿海地方一帯を東界としました。両方合わせて「両界《ヤンゲ》」と呼ばれます。

道の長官を按察使《アンチャルサ》、界の長官を兵馬使《ビョンマサ》といいます。道の内部には州、府、牧、郡、県など、界の内部には州や鎮などが、それぞれ置かれていました。これらを邑《ウプ》と総称しますが、邑には中央から地方官が派遣される主邑《チュウプ》と、地方官が派遣されない属邑《ソグプ》とがあり、属邑が多数を占めていました。また、邑の各種行政実務は、在地の豪族出身である郷吏（邑吏）によって担われました。

北方の異民族が攻めてきた

高麗の主な外交相手は、中国王朝と北方の契丹、かつて渤海の羈縻下にあった黒水靺鞨の系譜を引く女真《じょしん》、日本でした。日本に対して高麗は、建国後すぐに使者を送りますが、日本の朝廷は朝貢以外の外交は認めないとして国交を拒絶します。以後、日本との正式な国交は結ばれなかったものの、民間の交易による交流は続きます。

最も重視したのが対中外交です。一貫して親中政策を進め、960年からは、中国大陸を統一し、五代十国時代を終わらせた宋の冊封体制に入りました。その庇護のもとで交易を拡大し、繁栄を築いていきます。

ところが、宋と親密になるほど契丹とは関係が悪化し、993年、遼《りょう》が高麗に侵攻してきます。遼とは、契丹が渤海を滅ぼしたのち、947年から用いた国号です。

王建の訓要十条にあるように、高麗は契丹を自分たちより文化水準の低い蛮族《ばんぞく》と見下していました。ただ、いざ戦いが始まると高麗は苦戦します。そのため、遼との間で停戦交渉が行われると、北方の旧高句麗領を割譲《かつじょう》するよう要求されますが、高麗側は巧みな交渉によってこれをかわしました。本来であれば、宗主国である宋に助力を頼み、遼を討つところです。しかし、宋も軍事力は遼に劣《おと》り、財貨を贈ることで遼との和平を保っていたため、高麗を援助する余裕はありませんでした。そして停戦の条件には、高麗と宋の断交も含まれていました。

1010年、高麗は再び遼に攻め込まれます。高麗王が臣下に殺害された「不義を正す」という名目でした。遼の大軍勢を前になすすべなく、時の顕宗は遼に降伏し、鴨緑江下流の左岸地帯に相当する江東六州《カンドンユクチュ》の割譲と、高麗王の遼への朝貢を約束しました。ただし、顕宗はその後、病気を理由に遼に入朝せず、江東六州も渡しませんでした。

高麗と遼の小競り合いはその後も続き、高麗が再び宋に接近すると、1018年、三度目となる遼の侵攻が始まります。このときは高麗が大勝しました。遼は大敗したものの、その後も高麗への侵攻をくわだてます。そこで、高麗は戦勝で優位に立ったタイミングを利用し、1020年に遼に臣従を誓います。遼の冊封下に入った高麗は、江東六州を領有することを認められました。

その後、遼により壊滅させられた開京を修復すると、遼

そのころ、日本では？

高麗と遼が争っていたころ、平安時代中期にあたる1019年、海賊集団が壱岐《いき》、対馬、九州北部を襲撃します。これに対して日本側は防戦し、退けました。この海賊集団を刀《と》伊《い》といい、その構成員は黒水靺鞨の女真族と考えられています。このできごとは「刀伊の入寇」と呼ばれています。

や女真の再侵攻に備え、1033年から北方に防壁（千里長城）を築きます。長城は鴨緑江の下流から東海岸の定州まで、朝鮮半島の根元を横断する大規模なものでした。

門閥官僚が権勢をふるう

統治体制が定まり、全盛期を迎えた11世紀の高麗では、科挙に合格して官職を得た両班のなかから、貴族的な性格を強めながら門閥官僚として成長していく者が現れます。門閥とは、血縁で結ばれた家柄《いえがら》ないし家門のことです。王室と重層的な姻戚《いんせき》関係を結ぶことで、一族内で特権を享受し、権勢をふるう家門が出現するようになったのです。

ここで、朝鮮半島における姓《せい》と本貫《ほんがん》について簡単にふれておきましょう。朝鮮半島に暮らす人々にとって、姓は父系の血筋を示す標識の役割を果たしています。しかし、姓の数は日本とくらべるときわめて少なく、1930年の調査では250ほど、現代の韓国でも280あまりしかありません。しかもそのうち、金、李、朴の3姓だけで人口の40％ほどを占めています。

そうなると、たとえば同じ金姓を名乗っていても、祖先はまったく別の系統で、同族ではない場合もありえます。そこで重要になるのが本貫です。本貫とは、男系の血縁をさかのぼっていった先の、一族の始祖とされる人物の根拠地ないし発祥地のことです。本貫が同じでかつ姓も同じ（同本同姓）であれば、その人々は男系の血縁で結ばれた同じ氏族ということになるのです。氏族は、本貫＋姓の形で「金海金氏《キムヘキムシ》」「延安李氏《ヨナンイシ》」などと呼ばれます。

高麗の次の朝鮮王朝の時代になると、同本同姓の男女間での婚姻は、どれほど遠い親戚であっても禁じられました。現代の韓国でも、１９９７年に憲法裁判所で違憲判決が出され、２００５年に法改正されるまで同本同姓婚の禁止が民法に規定されていました。それでも姓と本貫は、今日でも家族制度の根幹をなすものとなっています。

さて、11世紀の高麗で成長してきたもっとも代表的な門閥官僚として、慶源《キョンウォン》（現在の仁川市）を本貫とする李氏一族、すなわち慶源李氏を挙げることができます。１０２４年に科挙に合格して官職に就いた慶源李氏の李子淵《イジャヨン》は、その後、順調に出世し、文宗のもとで宰相にあたる門下侍中《ムナシジュン》に任じられます。李子淵は3人の娘を文宗の妃とし、そのうちの長女が生んだ3人の王子がそれぞれ順宗《スンジョン》、宣宗《ソンジョン》、粛宗《スクチョン》となりました。さらに孫娘を順宗と宣宗に嫁《とつ》がせ、ひ孫にあたる宣宗の子が献宗《ホンジョン》となりました。李子淵の孫である李資謙《イジャギョム》も、後述するように、その娘を粛宗の子である睿宗《イェジョン》の妃とし、生まれた仁宗《インジョン》にも自分の娘2人を嫁がせています。

このように、慶源李氏一族は王室との間に複雑な姻戚関係を築くことで、仁宗の代まで約80年間にわたり外戚として権勢をほしいままにし、政府の要職を独占することになりました。

2つの反乱で国内は混乱

12世紀に入ると、それまで遼の支配下にあった女真が勢力を広げ、新たに王朝を開いて国号を金《きん》と定めます。金は1121年には遼を滅亡させ、1127年には宋を滅亡させます。このころの高麗は遼に臣従しながら宋との貿易を続けていましたが、遼と宋が滅亡したため、やむなく金に朝貢します。金は中国大陸の南部で再興された宋（南宋《なんそう》）との戦いに備えるため、また早々に臣従を申し出たことから、高麗を攻めませんでした。

ところがこの時期、高麗で大きな内乱が発生します。発端は李子淵の孫にあたる李資謙による専横です。李資謙は娘を16代目の睿宗に嫁がせ、さらにその子の仁宗にも娘を嫁がせ、外戚として権勢をふるっていました。これを快く思わなかった仁宗は、李資謙を排除しようとしますが計画が露見します。李資謙も仁宗を暗殺するよう娘に命じたものの、娘が夫である仁宗に告白したことで暗殺は成功しませんでした。

そこで１１２６年、李資謙が仁宗を軟禁します。しかし、協力者だった拓俊京《チョクチュンギョン》との仲が険悪になると、拓俊京は仁宗側について李資謙を捕らえます。李資謙は流罪とされた先で死去し、慶源李氏による専横は終わりました。

この李資謙の乱によって王宮は焼失し、開京は荒廃しました。すると、西京出身の僧侶である妙清《ミョチョン》が仁宗に取り入り、風水思想にもとづいて、運気が衰えた開京から運気の強い西京への遷都を強く勧めます。そもそも、高句麗の都であった西京への遷都計画は、定宗のころからたびたび持ち上がっては、否決されてきたという経緯があります。

朝廷内では、妙清の言葉を信じる重臣によって西京派が形成され、遷都に反対する開京派と対立します。開京派の中心となったのが、慶州金氏の金富軾《キムブシク》です。

両派による議論の末、仁宗は遷都をとりやめます。すると、１１３５年に西京派の一派が西京において独立を宣言して反乱を起こし、風水思想による国家運営と、金氏の討伐を主張しました。これに同調する勢力も現れ、反乱の規模は拡大します。金富軾は反乱軍を討伐するため正規軍を率いて出陣し、翌年には西京を陥落させます。妙清の乱と呼ばれるこの反乱は1年におよび、高麗の国政をさらに混乱させました。

高麗時代の文化

妙清の乱を鎮圧した金富軾は1142年に官職を退くと、仁宗の勅命により歴史書の編纂を開始します。そして1145年に完成したのが、『三国史記』です。これ以前にも歴史書は編纂《へんさん》されていたと考えられていますが、それらは現存していません。『三国史記』は三国時代から新羅による統一までの過程がわかる、朝鮮半島で最古の歴史書になります。金富軾は、その後も『仁宗実録《シルロク》』など歴史書の編纂を行っています。

儒教の振興に尽力した人物として、崔沖《チエチユン》の名を挙げることができます。崔沖は私塾である九斎学堂《クジエハクタン》を開設して、多数の人材を輩出しました。

歴代の高麗王は仏教を保護し、数々の寺院を建立しています。仏教の宗派のなかでも、高麗の建国初期に流行したのが禅宗です。また、11世紀には宋で天台宗を学んだ義天《ウイチョン》が朝鮮天台宗の開祖となり、13世紀には知訥《チヌル》が曹渓宗の開祖となりました。

この間に仏教経典の収集も進みました。先にみたように、10世紀末から11世紀初めにかけて高麗は契丹の侵攻を被《こうむ》りましたが、そのきびしい状況のなか、宋からもたらされた『大蔵経《だいぞうきょう》』をもとに、高麗でも『大蔵経《デジャンギョン》』の版木《はんぎ》制作に着手します。『大蔵経』とは仏教の3つの聖典である三蔵《さんぞう》（経蔵《きょうぞう》・律蔵《りつぞう》・論蔵《ろんぞう》）を網羅したもので、いうなれば漢訳仏典の大全集です。版木の制作には60年以上の歳月を要し、1087年ごろに完成しました（初彫大蔵経版）。この版木で刷られた『大蔵経』は現在、その一部が日本と韓国に伝えられるのみです。

ところがこの版木は、13世紀初め、モンゴルが高麗に侵攻した際に戦火で焼失してしまいます。そこで、今度はモンゴルと戦争を続けながら、高麗は再度、版木制作にとりかかり、十数年後の1251年にすべての版木を復元しました（再彫大蔵経版）。全部で8万枚を超えるこの版木は海印寺（慶尚南道陜川《ハプチョン》郡）に現存しており、ユネスコの世界文化遺産に登録されています。

高麗末期から朝鮮時代の前半期にかけての時期、日本の将軍や各地の大名・領主などは朝鮮に使者を派遣して、この再彫された版木で印刷された『大蔵経』を求めました。その結果、40部を超える高麗版の『大蔵経』が日本にもたらされました。それらのうち、東京都港区の増上《ぞうじょう》寺と京都市の大谷《おおたに》大学には、ほぼ完全なセットが所蔵されています。『大蔵経』の場合は、文字を彫りつけた版木に墨を塗って印刷する方法がとられました。これを木版印刷といいます。ちなみに、木版で印刷された世界最古の印刷物は、新羅の仏国《プルグク》寺で発見された『無垢浄光大陀羅尼経《ムグジョングアンデダラニギョン》』だとされています。７５１年もしくはそれ以前に印刷されたと推測されています。

高麗では木版印刷のほか、金属製の活字を用いた印刷も13世紀には行われていたことが記録に記されています。現物は残っていませんが、パリにあるフランス国立図書館が所蔵する『直指心体要節《チクチシムチエヨジョル》』は、１３７７年に高麗で刊行された現存する世界最古の金属活字本といわれています。

仏教経典と同様に、日本で珍重されたのが高麗青磁です。青磁の製造法は中国から伝わりましたが、高麗では土や釉薬《ゆうやく》、焼き方を工夫し、翡色《ひしょく》という独特な色を完成させました。これが評判を呼び、繊細で清楚な高麗青磁は宋に輸出されます。11世紀には半島南部の康津《カンジン》（現在の全羅南道康津郡）に窯《かま》が集中し、国の主要産業として量産化が進められました。12世紀に最盛期を迎え、日用品から高級品までさまざまな青磁がつくられています。その一部が日本にも伝わり、権力者の間で人気を得ました。

武臣による政権が誕生

12世紀後半に王となった毅宗《ウイジョン》は、王に媚《こ》びる宦官《かんがん》や両班を側に置き、酒宴に明け暮れます。両班といっても出世するのは文臣で、武臣は酒宴中に周囲の警護を担当し、時に文臣から侮辱《ぶじょく》的なあつかいを受けました。さらに毅宗は、離宮の造営など大規模な土木工事を行い、その労働力にも武臣があてられます。

こうした仕打ちに耐えかねた武臣が、1170年に大反乱を起こします。上将軍の鄭仲夫《チョンジュンブ》・李義方《イウイバン》・李高《イゴ》らが兵を率い、酒宴中の毅宗を襲撃したのです。恨《うら》みは根強く、その場にいた文臣の多くが殺害されました。このクーデターを庚寅《キョンイン》の乱といい、圧政に苦しんでいた民はクーデターを支持しました。以後、13世紀までの約１００年間、武臣が権力を握った政権体制を「武臣政権《ムシンジョンクォン》」といいます。

武臣政権の中心となったのは、将軍の合議機関であった重房でした。しかし、当初は政治経験のない武臣たちによる主導権争いが続きました。そのなかから頭角を現した崔忠献《チェチュンホン》が１１９６年に実権を握ると、安定期を迎えます。

崔忠献は武臣政権に従順な文臣も登用し、統治能力を回復させます。１２０９年には政治機関として教定都監《キョジョンドガム》を設置し、長官職の教定別監《キョジョンビョルガム》に就きます。崔忠献は教定都監を政治の中枢に位置づけ、統治の体制を固めました。以後、教定別監は崔氏の世襲となり、崔氏政権が62年間続くのです。その間の王の即位には崔氏の意向が働きました。

そのころ、日本では？

平安時代末期の日本においても、貴族から見下されていた武家が台頭します。その武家を代表する平氏と源氏が争い、平氏が勝利します。平氏の棟梁《とうりょう》である平清盛は宋との貿易で上げた利益を朝廷への工作資金とし、自身の娘を天皇の妃とし、孫が天皇に即位すると実権を握りました。

モンゴル帝国に抵抗するも

武臣政権の誕生からやや遅れて、1206年にモンゴル高原北部の遊牧民の諸部族を統一し、モンゴル帝国を打ち立てたチンギス・ハンが南下を始めます。

チンギス・ハンの死後、その三男であるオゴタイがモンゴル帝国の君主となると、1231年から本格的な高麗侵攻を開始します。モンゴル軍は鴨緑江を渡り、おどろくべき速さで開京を攻略します。崔氏政権は時の国王であった高宗を連れて、開京とは海を隔てた江華島《カンファド》（現在の仁川市江華郡）に避難し、徹底抗戦を続けました。江華島は本土から離れた小島で、海戦に不慣れなモンゴル軍は容易には攻め落とせません。ただ、その間にもモンゴル軍は朝鮮半島本土に兵を進めます。

崔氏と王が避難している間、モンゴル軍の侵攻に立ち上がったのは、民間の義勇兵や反乱軍でした。武臣政権の成立初期から、各地では反乱が発生していましたが、権力争いに明け暮れる武臣政権は反乱軍を鎮圧できませんでした。この反乱軍が、モンゴル軍への抵抗勢力となったのです。ただし、モンゴル軍に協力する者も一部いました。

武臣政権のモンゴルへの抵抗は約30年続き、その間、モンゴル軍の侵攻は六度にもおよびました。戦いが長期化した結果、高麗の朝廷は主戦派と講和派に分かれて対立するようになります。そうしたなか、1258年に武臣の金俊《キムジュン》によって教定別監の崔竩《チエウイ》が殺害され、崔氏政権が崩壊します。以後、講和派が主導権を握り、翌1259年に高宗は王太子（のちの元宗《ウオンジョン》）を人質として差し出し、モンゴル帝国に降伏しました。

人質に出された王太子は、モンゴルで丁重にあつかわれました。チンギス・ハンの孫にあたるクビライが皇帝に即位した1260年、高宗の死去によって急きょ帰国して即位した元宗は、親モンゴル政策をとります。武臣勢力はこれに反発しましたが、元宗はモンゴルの支援を受け、武臣を政権から排除することに成功しました。

これ以後、高麗の王太子はモンゴル領内で過ごし、モンゴル皇帝の親衛隊として皇帝の側に置かれるようになります。さらに、モンゴル皇帝の娘を妃に迎えることで、モンゴル皇室の姻戚となりました。征服後に死に追いやられた金と南宋の皇族にくらべて破格の待遇です。これは、長い間抵抗を続けた高麗に対する懐柔策といえます。さらには、日本への遠征を見据えて、寛大な処置をとったとも考えられます。

元宗の息子の忠烈《チュンニョル》王は、クビライの娘であるクトゥルク・ケルミシュ（荘穆王后《チャンモクワンフ》）を妃に迎えました。したがって、その子である忠宣《チュンソン》王はモンゴル皇帝の血を引くことになり、高麗王はモンゴル貴族の一員となりました。もともと高麗では、王の死後、「太祖」「光宗」などの廟号《びょうごう》（位牌《いはい》を祀る廟《びょう》につけられる名）を定めていましたが、モンゴルへの服属後は、忠烈王や忠宣王のように、モンゴル皇帝から授けられた諡《おくりな》（死後に贈られる名）を廟号とするようになります。しかも忠烈王から忠穆《チュンモク》王までは忠誠を意味する〝忠〟の字が用いられました。忠烈王は胡服辮髪《こふくべんぱつ》（モンゴルの服装と髪型）を民に強制するなど、親モンゴル政策を貫くことで高麗の王室と王朝の安泰《あんたい》をはかったのです。

日本侵攻が大きな負担に

１２７１年、クビライは自身が治める領域に元《げん》（大元《たいげん》ウルス）という国号を立てます。クビライはヨーロッパまで勢力を拡大したモンゴル帝国の君主であると同時に、帝国の東方を領域とする元の初代皇帝でもあったということです。そして、金を１２３４年、南宋を１２７９年に滅ぼすと、いよいよ日本に矛先を向けます。

日本に近く、元に臣従する高麗は立場上、元に協力しなければなりませんでした。クビライは1268年、高麗から日本へ使者を送らせましたが、鎌倉幕府を介して国書を受け取った朝廷は返書を出しませんでした。クビライはその後も、数度にわたり使者を派遣しますが、結局、日本との交渉はうまくいきませんでした。

このころ、朝鮮半島南部では武臣政権の残党勢力の三別抄《サンビヨルチヨ》（さんべっしょう）が元への抵抗を続けていました。その三別抄は1271年、日本に援助と元への共闘を求める書状を日本に送りますが、日本側がどのように対応したかは、はっきりとはわかっていません。三別抄の反乱は2年後の1273年に、元と高麗の連合軍により鎮圧されます。

それを待っていたかのように、クビライは日本への遠征を決意し、1274年、第一次の軍事侵攻を開始します。高麗はその先兵として軍船を建造し、兵員と物資補給を供出しました。そうして、モンゴルと高麗の軍勢は現在の福岡市沿海部に上陸したものの、御家人らのはげしい抵抗を受けたうえ、準備不足もたたって撤退を余儀《よぎ》なくされます。

その後、クビライは日本へ使者を再度送る一方、再侵攻の準備を進めます。その一環として、1280年に征東行省《せいとうこうしょう》という軍事機関を高麗に設置し、高麗王をその長とします。そして翌年、征服した旧南宋の水軍も加えた大軍で日本に侵攻します。ところが、この遠征でも御家人の抵抗のほか、疫病《えきびょう》の流行と暴風雨により撤退に追い込まれます。クビライはその後も日本への侵攻を計画し、高麗に造船や補給の準備を命じます。しかし、１２９４年のクビライの死去にともない、三度目の遠征計画は断念されました。

日本では、この二度にわたる元による侵攻を元寇《げんこう》（蒙古《もうこ》襲来）といい、それぞれの元号をとって一度目の侵攻を文永《ぶんえい》の役、二度目を弘安《こうあん》の役と呼んでいます。大量の兵員と軍事物資を供出した高麗の負担は大きいものがありました。

モンゴル帝国からの脱却

元に臣従し、元の貴族の娘を王妃に迎えた高麗王は、娘婿《むすめむこ》を意味する駙馬《ふば》として元の貴族に位置づけられます。その一方で、高麗には元が属国を管理するための監督官庁が置かれ、モンゴル人の官僚が派遣されて貴族化していきます。元は婚姻によって同族とみなしている高麗の内政に干渉《かんしょう》し、毎年、莫大な貢ぎ物を求めました。こうした負担が民を圧迫し、反元感情が高まっていきます。

14世紀半ばごろになると、倭寇や北方からの異民族の高麗への侵入が横行するようになります。この時期の倭寇は、日本の西北九州の沿海部や島嶼《とうしょ》部の住民および済州島や朝鮮半島南端の人々を構成員とする海賊です。高麗では14世紀半ば以降、倭寇の活動が活発化し、なかには内陸奥深くまで入り込んで略奪を行った事例も確認できます。また同時期の中国大陸では、元の圧政に反発する人々が各地で反乱を起こしていました。1351年の紅巾《こうきん》の乱によって、その反乱勢力の一部が高麗に侵入してくるほどでした。反乱によって元の国力は衰退します。高麗への影響が低下したタイミングをねらって、時の恭愍《コンミン》王は元からの独立を画策します。1352年には胡服辮髪令を廃止し、1356年には元の支配下にあった東北地方を奪還して、元の元号・暦《こよみ》の使用をやめます。

このころ、高麗から元へ献上した女性が、元皇帝トゴン・テムルの皇后（奇皇后《キファンフ》）に選ばれました。高麗では身分の低かった奇皇后が、元の臣下である高麗王よりも上の立場になるという逆転現象が起こったのです。そうして高麗で奇皇后の一族による専横が始まると、それに不満を抱く重臣らとともに、恭愍王は奇氏一族を追放しました。

中国大陸では、紅巾の乱で頭角を現した朱元璋《しゅげんしょう》が、1368年に新たな王朝である明《みん》を打ち立て、元を北方に追いやります。これに乗じて、元の支配から逃れた恭愍王は親明政策に転じ、李成桂《イソンゲ》（りせいけい）や崔瑩《チエヨン》といった武人を登用して、倭寇や紅巾賊の討伐にあたらせます。政治面では僧侶出身である辛旽《シンドン》を抜擢し、政治改革を行いました。ところが1374年、親元派の宦官によって暗殺されてしまいます。

親元に固執して滅ぶ

恭愍王の跡を継いだ禑《ウ》王は、恭愍王の子です。親元派の崔瑩は禑王を補佐し、政治を行いました。これに対して、李成桂らは漢人が打ち立てた明への臣従を主張し、両者は対立します。その最中、明から領土の割譲を求められたことから、禑王は明と敵対することを決意し、李成桂に遼東地方への出兵を命じます。李成桂は強く反対しましたが、禑王は進言を聞き入れませんでした。

1388年5月、李成桂率いる遠征軍は、鴨緑江下流の中州《なかす》である威化島《ウイフアド》まで至りますが、雨による増水で河を渡って遼東へ進むことができません。補給も届かず、兵の脱走も相次ぎます。李成桂は撤退を主張して都に使いを出しますが認められません。そこで、もう1人の指揮官であった曹敏修《チョミンス》と協議し、兵を引き上げます。これを威化島回軍《フエグン》といいます。許可を得ずに撤兵した李成桂の軍は反乱軍とみなされます。しかし、その兵力は開京の守備隊よりも多く、李成桂に協力しようと兵士たちが集まります。

5月22日に撤退を始めた李成桂の軍は、6月1日には開京を包囲します。その2日後には王宮に侵入し、禑王と崔瑩を捕らえて流罪とし、李成桂は禑王の子を王（昌王《チャン》）に立てます。しばらくして起こった曹敏修と主導権争いに勝利した李成桂は、1389年に昌王を廃して恭譲《コンヤン》王を立てました。そして1392年、官僚たちの推戴を受け、恭譲王から王位をゆずられる形で李成桂は即位します。ここに、34代474年続いた高麗は滅亡しました。禑王、昌王、恭譲王は、のちに李成桂によって殺害されています。

この李成桂は、朝鮮半島南西部の全州（現在の全羅北道全州市）を本貫とする全州李氏の出身です。先祖は、高祖父《こうそふ》（4代前の祖先）の代に全州を離れて東北地方に移り住み、その地で豪族として成長します。その後、李成桂の父親が恭愍王の反元運動に協力して高麗政府に取り立てられたことで、李成桂も出世の足がかりをつかみました。武将として功績を立て、ついには高麗を滅ぼして新しい王朝を打ち立てるに至ったのです。

知れば知るほどおもしろい朝鮮半島の偉人④

『三国遺事』を記した僧侶

一然

イルヨン

（1206～1289）

正史に記されなかった記録を遺す

一然は、高麗時代後期の仏僧です。幼くして出家し、20代で科挙の禅科に合格します。修業の末に各地の寺で住職を務め、77歳で国尊《ククチヨン》（国が尊敬すべき師）の称号を贈られ、没後には普覚《ポガク》と追尊《ついそん》されています。

この一然が編纂したのが、『三国史記』と並ぶ朝鮮半島の古代に関する歴史書『三国遺事《サムグクユサ》』です。『三国史記』が国家の編纂事業で成立した歴史書（正史）なのに対し、『三国遺事』は一然の私的な編纂によるものです。

両書の大きな違いは、『三国遺事』には檀君神話など古朝鮮について記されていることです。その事実関係は学術的に証明されていませんが、古代の朝鮮半島を知るうえで重要な文献とされています。また、編纂されていた当時の高麗は元の影響下にあり、元に従う高麗王に反感を持っていた民衆にとって檀君神話は、自分たちの民族的なルーツとして、心の拠《よ》り所《どころ》とされました。

chapter 5

朝鮮の繁栄

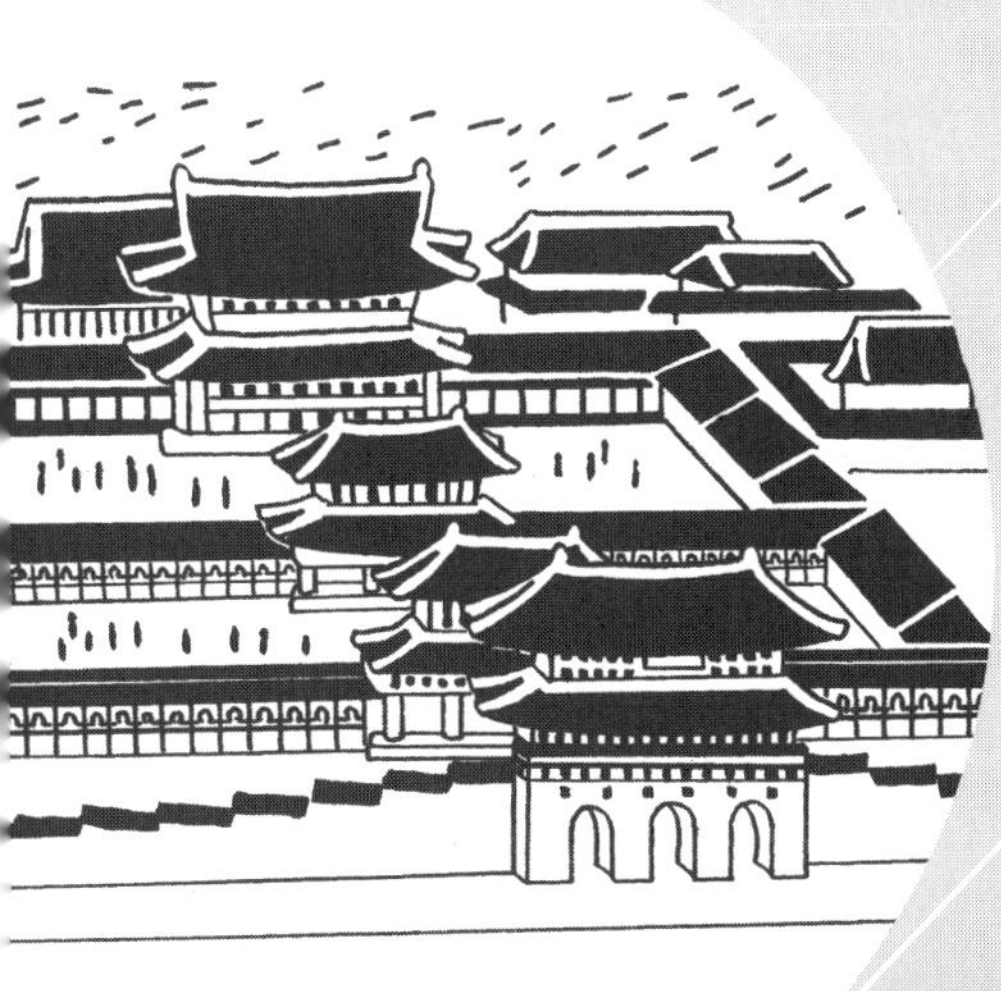

国名を選んでもらう

李成桂は即位すると、権知《けんち》高麗国事という肩書きですぐさま明へ使者を送り、この間の経緯の報告とともに国王交代の承認と外交関係の継続を、明の初代皇帝の洪武帝《こうぶ》（朱元璋）に求めます。権知高麗国事とは「仮に高麗のことを治める職」という意味です。

これに対し、明は国号の改定を命じます。そこで李成桂は臣下と相談のうえ、「和寧《ファリョン》」と「朝鮮」を候補として明に伝えます。和寧は李成桂の出生地である永興《ヨンフン》（現在の北朝鮮咸鏡南道金野《クミャ》郡）の別名です。一方の朝鮮は古代の朝鮮にちなんでいます。明はこれら2つのうち、漢人の箕子が建国した箕子朝鮮と関わりのある朝鮮を選びます。こうして朝鮮が正式な国号となります。

この王朝のことを「李氏朝鮮《りしちょうせん》」、あるいは「李朝《りちょう》」とも呼ぶ場合がありますが、これらは20世紀に入って日本で使われるようになった呼称です。韓国で「朝鮮」といえば、李成桂の打ち立てた朝鮮王朝を指します。

国号は定まったものの、朝鮮国王に冊封されなかったので、李成桂は権知朝鮮国事のまでした。それでも、李成桂は明に低姿勢を貫きます。明に認められることで王朝交代の正当性を得ようとしたのです。このような朝鮮の対明外交姿勢を「事大《サデ》」といいます。「大《だい》に事《つか》える」、すなわち大国につき従うという意味です。

国づくりを始めるにあたって、李成桂は儒教を国教に定めて重んじる一方、仏教を排斥しました。これを「崇儒排仏《スンユベブル》」といいます。儒教のなかでもとくに重視されたのが、13世紀に南宋で体系化された朱子学《しゅしがく》です。君臣の列や長幼の序、男女の別を徹底する朱子学の教えは、為政者にとっても都合のよいものでした。

朱子学はすでに高麗末期には伝わっていました。当時、これを学んで政治の改革を目指そうとした新興の官僚たちも存在しましたが、まだ十分な力を蓄えてはいませんでした。そこで彼らは、同じく新興勢力である李成桂と結ぶことで、朱子学の理念にもとづいた国家建設を目論みました。高麗から朝鮮への王朝交代は、こうして実現したのです。

建国当初の朝鮮では、朱子学者のなかでも鄭道伝《チョンドジョン》がとくに重用されました。鄭道伝は高麗を倒す以前から李成桂の盟友であり、功臣として権勢をふるいます。鄭道伝は、新王朝の国家理念と統治組織論を『朝鮮経国典《チヨソンギヨングクチヨン》』にまとめました。新王朝の設計図を書い

朝鮮王朝の身分

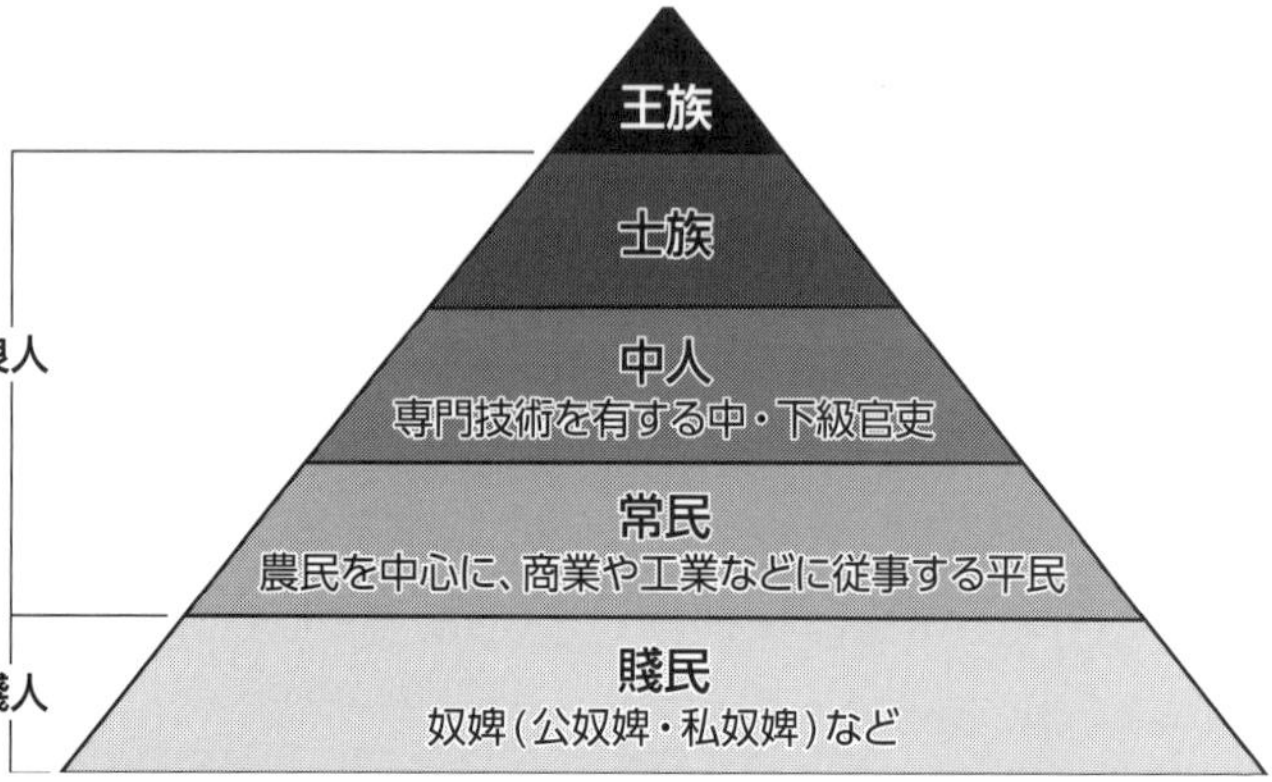

たのは、まさに鄭道伝だったのです。

李成桂がもう1つ国是《こくぜ》としたのが「農本民生《ノンボンミンセン》」です。農業を奨励し、民の生活の安定をはかろうとするものです。民は法的に「良人《ヤンイン》」身分と「賤人《チョニン》」身分に分けられていました（良賤制）。良人には支配階層である士族《サジョク》、専門技術官僚を輩出する中人《チュンイン》、行政の末端事務を役として課せられた胥吏《ソリ》や郷吏《ヒャンニ》、そして農民を中心に商工業に従事する者なども含めた常民《サンミン》（一般庶民）などが含まれます。

法的身分としての賤人に該当するのは奴婢です。奴婢は誰かに所有され、その所有主のために各種の労役や物資生産などに従事する存在です。官公庁などの公的機関が所有する公奴婢

（官奴婢）と、士族などの私人が所有する私奴婢とがありました。所有主にとって奴婢は財産であり、贈与や相続・売買の対象となりました。しかし、ひとくちに奴婢といっても、普段は一般の農民と変わらぬ生活を送っている者も少なくなく、単純に奴隷という枠ではとらえきれないところがあります。僧侶や芸能民、畜肉業や皮革業に従事する者など、その生業《なりわい》ゆえに賤視《せんし》や差別の対象となる人々もいましたが、彼らは法的には良人に属していました。

事大、崇儒排仏、農本民生の3本柱は、朝鮮時代を通じて守られていきます。

風水で都の位置を決める

李成桂は旧高麗の勢力が根強く残る開京を離れ、都を建設します。都に選ばれたのは、開京から60キロメートルほど南下した漢陽《ハニャン》（現在のソウル市）です。仏教排斥《はいせき》を国是とした朝鮮ですが、李成桂自身は仏教をあつく信仰していたうえ、李成桂の師であった僧呂の無学王師《ムハクワンサ》が新しい都の位置を選定しています。無学王師は風水をもとに、南に漢江が流れ、北と東西に山がある漢陽が最適な地として李成桂に勧めたのです。李成桂は1

３９４年、新都の建設に着手するとともに遷都を断行し、翌年、漢城《ハンソン》と名を改めます。

漢城には、王宮である「景福宮《キョンボックン》」が建設され、その東には王室の祖先と歴代の王を祀る宗廟《チョンミョ》、西には土地と五穀の神を祀る社稷壇《サジクタン》が築かれます。都の周囲には、全長18キロメートルにおよぶ城壁が設けられ、出入り口となる四方には、興仁之門《フンインジムン》（東大《トンデ》門）、敦義《トニ》門（西大《ソデ》門）、崇礼《スンネ》門（南大《ナムデ》門）、粛靖《スクチョン》門が置かれました。ただし、粛靖門は王宮の背後に位置していたため、風水で大切とされる気の流れを乱さないよう通行が禁止されました。これらの配置も、都の立地と同様に風水思想によって定められました。

その後、敦義門は韓国併合時に取り壊され、興仁之門と崇礼門の周辺は市場街として栄えました。とくに崇礼門は、韓国の国宝第１号であり、現在でも人気の観光スポットとなっています。２００８年に放火によって全焼しましたが、２０１３年に再建されています。

朝鮮でも、王の手足となって国政の運営に従事する官僚は科挙で選抜されました。高麗時代と異なるのは、武臣（武班）を選抜するための武科《ムクア》が新たに設けられたことです。こうして朝鮮時代の科挙は、文臣（文班）を選抜する文科《ムンクア》（高麗時代の製述科と明経科に由来。初級試験の小科と中級試験の大科があった）と武科、それに専門技術官僚を選抜する雑科の3科体制となりました。武臣も科挙で選抜されるようになったことで、真の意味での両班（文班と武班）官僚体制が成立したといえます。科挙は名目上、良人に広く門戸を開いていましたが、実際の受験者は支配階層である士族に限られていたため、のちに「両班」の語は士族に対する尊称としても用いられるようになっていきます。

兄弟同士で争う

李成桂には、即位前にめとった2人の妻がいました。そして最初の妻との間に6人、2番目の妻との間に2人の男子をもうけました。そのなかでも、五男の李芳遠《イバンウォン》は果断な性格で、建国以前から父の覇業を補佐しました。李成桂が王位に就こうとした際、儒者であり高麗の宰相であった鄭夢周《チョンモンジュ》に反対されると、李芳遠は鄭夢周を暗殺しています。

李芳遠と鄭道伝の2人は、朝鮮の建国を支えた両輪といえます。当初は友好関係にあった両者でしたが、鄭道伝は儒教にもとづく国づくりを推進して権力を増大させたのに対し、李芳遠は儒者の権力増大が王や王族の権限を弱めることになるのではと危機感を募らせます。

さらに太祖《テジョ》（李成桂）は、2番目の妻の産んだ八男の李芳碩《イバンソク》を溺愛《できあい》し、跡継ぎである世子《セジャ》の地位に就け、鄭道伝を教育係にします。当然、李芳遠をはじめとする最初の妻の子どもたちは反発します。1398年、鄭道伝らが自分たち兄弟を殺そうとしていると して兵を挙げた李芳遠は、鄭道伝をはじめとする李芳碩の側近を殺害するとともに、腹違いとはいえ、弟にあたる李芳碩と、その兄で七男の李芳蕃《イバンボン》をも殺害しました。これを第一次王子の乱といいます。

事件後、高官らは太祖に対して李芳遠を世子とするよう要請しますが、肝心の李芳遠はこれを固辞しました。そこで太祖は、最年長の王子だった次男の李芳果《イバングア》を世子としま す。とはいえ、李芳果には男子がおらず、政治の実権は李芳遠の手に握られていました。王子たちの骨肉の争いに衝撃を受けた太祖は、王位を李芳果にゆずり、隠居《いんきょ》してしま

朝鮮王族の主な地位

	地位の名称	地位の説明
男性の場合	上王(太上王)	譲位した元国王
	世子	国王の跡継ぎ
	大君	正妃の子
	君	正妃以外の子
	大院君	王の実父（王位に就いていない）

	地位の名称	地位の説明
女性の場合	大王大妃	先先代の国王の妃
	王大妃	先代国王の妃
	王妃	国王の正妃
	嬪	側室の最高位

※大王大妃や王大妃を「大妃」と呼称する場合もあった

います。こうして、李芳果は１３９８年に即位しました。これが定宗《チョンジョン》です。定宗は人心を一新しようと、この年、旧都の開城に都をもどします。ところが１４００年、今度は開城において第二次王子の乱が起こります。乱の首謀者は李成桂の四男の李芳幹《イバンガン》であり、実権を握った李芳遠に反発して反乱を起こしたとされています。しかし、この乱は李芳遠によってただちに鎮圧され、李芳幹は流罪となりました。

　李芳遠はこの乱の鎮圧直後、定宗により正式な後継者に定められ、この年のうちに定宗からゆずられて王位に就きました。これが太宗《テジョン》です。そして翌１４０１年、明の第２代皇帝である建文《けんぶん》帝から「朝鮮国王」の称号を贈られます。これをもって、朝鮮王朝の存在は東アジアの国際関係のなかで公式に認知されることとなりました。なお、兄弟争いに心を痛めた太祖は太宗と仲違《なかたが》いし、一度は都を去りますが、のちに和解して都にもどっています。

王朝の基礎を築く

朝鮮王朝の基礎を固めたのは太宗です。まず、軍事力を王に集中させるため、功臣や王族が私兵を持つことを禁じます。次に、高麗末期以来の都評議使司を議政府《ウイジョンブ》に改組しました。議政府は領議政《ヨンイジョン》、左議政《チャイジョン》、右議政《ウイジョン》という3人の宰相を筆頭とする最高機関で、その下に各種行政を分担する六曹《ユクチョ》（吏曹《イジョ》、戸曹《ホジョ》、礼曹《イエジョ》、兵曹《ピョンジョ》、刑曹《ヒョンジョ》、工曹《コンジョ》）が置かれます。ただし、六曹からの政務報告は議政府を介さず、王に直接行うようにしました。そうすることで議政府の権限を抑え、王の意向が行政に直接反映できるようにしたのです。

中央の官庁としてはこのほか、王への取り次ぎを行う秘書室の機能を持つ承政院《スンジョンウォン》や、国王に直属し、内乱罪など重大犯罪に関する司法機関である義禁府《ウイグムブ》なども置かれました。また、王宮の前に太鼓《たいこ》を置き、それをたたくことで、民が王に直接訴えを起こせる申聞鼓《シンムンゴ》という制度も設けています。

１４０４年には、都を開城から漢城へもどします。太祖が建設に着手していた漢城は太宗の時代に完成し、朝鮮王朝の政治と文化の中心地となります。なお、対立していた鄭道伝が推進した法制度や外交方針、身分制度などは維持されました。

地方の行政区画は「道」といいます。都の周辺地域である京畿と、咸鏡道、平安道、江原道、黄海道、忠清道、慶尚道、全羅道の八道が存在しました。各道内で核となる都邑の名を組み合わせたものです。たとえば全羅道は、全州の「全」と羅州の「羅」を組み合わせています。道の長官は観察使《クアンチャルサ》といい、中央から３６０日の任期で赴任しました。

１４０８年に、太祖が死去します。そうすると、生前の功績を記録した『太祖実録』の編纂が始

朝鮮の領地と行政区分

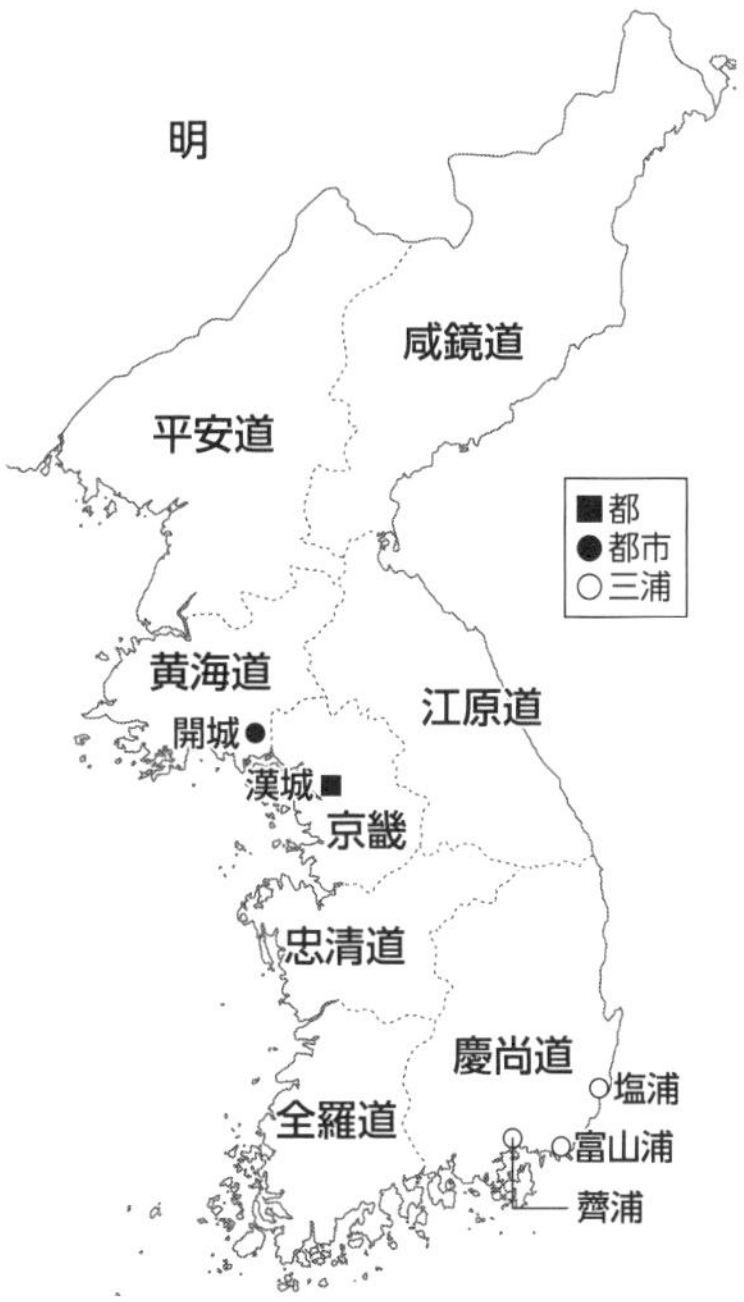

まり、1413年に完成します（1451年に改訂）。これは、歴代の中国王朝が皇帝の功績を記録するのにならったものです。以後、国王ごとに実録がつくられるようになりました。朝鮮時代の歴代王の実録は『朝鮮王朝《チョソンワンジョ》実録』と総称され、朝鮮時代を知る貴重な史料として現在にまで継承されています。

王朝の制度を固めて王権を盤石《ばんじゃく》なものとした太宗は、1418年に三男の忠寧大君《チュンニョンデグン》を世子と定め、直後に譲位します。もともと長男が世子でしたが、品行の悪さを問題視し、勤勉で品行方正な忠寧大君に変更したのです。臣下もそれを指示したといいます。

譲位しても、軍事権は上王《サンワン》である太宗が握り続けます。1419年には、領内に侵入した倭寇への報復として、その基地があった対馬に侵攻します。己亥東征《キヘドンジョン》といわれるこの遠征は太宗の指示で行われました。日本ではこのできごとを応永《おうえい》の外寇《がいこう》といいます。

民族固有の文字をつくらせる

1422年に太宗が死去すると忠寧大君が即位し、世宗《セジョン》（せいそう）の親政が始まります。王道政治（儒教の礼にもとづいて仁義を重視する政治）を目指した世宗は、まず集賢殿《チッピョンジョン》を設置しました。これは、若く有望な儒学者を登用し、学問と政治を研究して王に政策を提案する機関です。

集賢殿に集められた徐居正《ソゴジョン》、成三問《ソンサンムン》、申叔舟《シンスクチュ》といった新進気鋭の儒者は、時に王の相談役、時に世子の教育係を務めたほか、儒教の経典を研究し、医学書や地理書、歴史書などの編纂を進めました。それらの書物は、すでに1403年に設置されていた鋳字所《チュジャソ》でつくられた金属活字を用いて印刷・刊行されました。

外交面では、明に朝貢して事大関係を維持しつつ、日本とも平和的な通交関係を築きます。すでに15世紀初めごろには、朝鮮半島南端の富山浦《プサンポ》（現在の釜山市）と薺浦《チェポ》（現在の慶尚南道昌原市《チャンウォンシ》）が日本から来航する商船の停泊地に定められていましたが、1426年にはこれに塩浦《ヨムポ》（現在の蔚山市）が加えられました。この3港は「三浦《サムポ》」と呼ばれ、日本人居留区が置かれ、以後、日朝貿易の窓口となります。

さらに仏教への統制策を推進し、7つあった従来の宗派を、禅宗と教宗（禅宗以外の宗派）の2宗派に統合し、寺院数も各派18寺院ずつに制限しました。これによって高麗で繁栄した仏教は一気に衰退します。

世宗の功績で最大のものとされるのが、民族独自の文字をつくったことです。当時の書物や政府の公文書はすべて漢文で書かれていました。朝鮮語を表記する際にも、万葉仮名のように漢字の音や訓を借りて表記する方法が用いられていましたが、朝鮮語を正確に表記するには無理がありました。そもそも、一般庶民にとって漢字の学習はたいへん難しいものでした。

そこで世宗は１４４３年に朝鮮語の発音を表記する28文字をつくるよう命じ、３年後の１４４６年に「訓明正音《フンミンジョンウム》（くんみんせいおん）」として公布します。「民に訓《おし》える正しい音」という意味です。17の母音字と11の子音字の組み合わせにより、さまざまな発音を文字にできる訓民正音は、現代の韓国で使用される「ハングル」（北朝鮮では「チョソングル」）の基礎となります。訓民正音を用いて、朝鮮王朝の建国叙事詩集である『龍飛御天歌《ヨンビオチョンガ》』や朝鮮の漢字音を整理した『東国正韻《トングッチョンウム》』といった多くの書物もつくられ

ました。

ただし、この訓民正音は両班や知識人の間では普及しませんでした。重臣らは漢字こそが最高の文字と主張し、民族独自の文字を持つ必要性を感じていなかったのです。それゆえ、訓民正音は「女子どもの使う文字」と軽視されました。

また両班は、世宗が蔣英実《チャンヨンシル》（くわしくは154ページ参照）をはじめとして低い身分の出身者に官位を与えることにも反発していました。それもあって、世宗は近代になるまであまり評価されていませんでした。その後、世宗が再評価されると、朝鮮きっての名君とたたえられ、敬意を込めて意識的に「世宗大王《セジョンデワン》」と呼ばれるようになりました。現代の韓国では1万ウォン紙幣に肖像が描かれています。

身内によるクーデター

晩年の世宗は病気がちになり、世子が摂政となって政権運営を補佐しました。そのため、この若い世子を補佐した集賢殿出身の儒者官僚たちの発言権が強くなります。1450年に世宗が亡くなると、世子が跡を継ぎます。ところが、この文宗《ムンジョン》は即位2年で病死したため、文宗の子が満11歳で即位します。

幼い端宗《タンジョン》を補佐したのは文宗の遺命を受けていた集賢殿出身の官僚たちでした。彼らによって構成される議政府が、政治の中枢機関として権限を伸ばしていくようになると、世宗の次男で端宗の叔父にあたる首陽《スヤン》大君は危機感を募らせます。１４５３年10月、首陽大君は左議政であった金宗端《キムジョンソ》に謀反の罪を着せて殺害し、領議政の皇甫仁《ファンボイン》やそのほかの重臣たちも殺したり捕らえたりしました。このクーデターを癸酉靖難《ケユジョンナン》といい、申叔舟、韓明澮《ハンミョンフエ》らは首陽大君に協力しました。

事件後、実権を握った首陽大君は領議政に就任して、吏曹、兵曹の長官を兼ね、１４５５年には端宗に譲位を迫って王位に就きました。この世祖の即位に反発したのが、集賢殿出身の成三問や朴彭年《パクペンニョン》です。１４５６年、成三問らは端宗の復位をはかってクーデターを計画します。ところが計画は事前に発覚し、関係者70人余りが処刑されます。

計画の首謀者であった成三問らは処刑され、担《かつ》がれた端宗は賜薬《サヤク》（毒薬による自死の強要）により命を落とします。人々は、成三問ら6人を「死六臣《サユクシン》」としてその忠義をたたえました。

世祖による制度改革

王位を簒奪した世祖は、自身の権力を強化するために数々の制度改革を行います。弾圧されていた仏教を保護し、改革に反対する官僚を牽制するため、集賢殿を廃止しました。議政府の権限を縮小し、六曹を王の直轄とします。

軍も再編成し、中央軍として五衛《オウイ》を置いて軍備を強化します。地方軍についても、全国の陸海軍組織を整備して鎮管体制と呼ばれる指揮・命令体系を完成させました。土地制度については、それまで官位保持者であれば現職かどうかを問わずに土地の徴税権を与えていた科田法《クアジョンボプ》を廃止し、現職者のみに限定する職田法《チクチョンボプ》に改めることで、官僚の統制を強め、同時に国の財政負担を抑えました。

改革を補佐したのは、申叔舟や韓明澮など癸酉靖難で世

そのころ、日本では？

癸酉靖難で世祖に協力した申叔舟は、世宗の在位中の1443年に使者として日本を訪れたことがあります。そのころの日本は室町時代にあたり、7代将軍の足利義勝《あしかがよしかつ》が没したばかりでした。申叔舟はのちに、日本と琉球《りゅうきゅう》王国のことを紹介する『海東諸国紀《ヘドンジェグクキ》』を記しています。

祖に協力した功臣たちです。彼らはのちに「勲旧派《フングパ》」とも呼ばれ、世祖に優遇され、特権階級となっていきます。

一方で、急激な中央集権化と側近を優遇する世祖に不満を持つ者も現れます。1467年、地元出身者から選ばれていた地方長官の職に、中央から出向する官僚が任用されるようになったことに異を唱え、咸鏡道の地方豪族である李施愛《イシエ》が反乱を起こします。この李施愛の乱は3カ月で鎮圧されますが、李施愛が韓明澮と申叔舟を謀反人として告発したため、両者を一時拘束《こうそく》するなど国政に混乱を招きました。

世祖は王権を安定させようと、朝鮮建国以来の王命を集成・整理した基本法典『経国大典《キョングクテジョン》』の編纂も進めます。法典の編纂はこれ以前から何度か試みられており、『経済六典《キョンジエユクチョン》』や『続六典《ソンニユクチョン》』などがすでにつくられていました。世宗はそれらとは別に、法典の作成に着手し、1460年には戸籍や経済に関わる戸典、翌年には刑罰などに関わる刑典が完成します。しかし、世祖の在位中には完成せず、六典すべてがそろったのは1469年のことでした。

その後、何度かの改訂を経て、『経国大典』は朝鮮王朝の統治規範として伝えられていきます。世祖は、歴代の王の功績をまとめた『国朝宝鑑《ククチヨボガム》』も編纂しています。この書は、統治の参考書として以後の王に参照されました。

息子に代わって母が政治を

１４６８年に世祖が死去すると、その次男が即位します。この睿宗《イエジョン》は病弱で即位してからわずか1年、19歳で死去します。そのため、世祖の長男の遺児が13歳で即位します。これが成宗です。

睿宗の治世期から、国政は申叔舟、韓明澮ら勲旧派が実権を握り、病弱な睿宗は、王《ワン》大妃《デビ》となった母親の貞熹王后《チョンヒ》による「垂簾聴政《スリョムチョンジョン》」を受けていました。垂簾聴政とは、王が幼少だったり病弱で政治が行えなかったりした場合、その母親である王大妃や祖母の大王大妃《テワンデビ》が、王の職務を代行することです。ただ、儒教の考え方では女性の地位は男性より低く位置づけられ、国政に参加することを好まれませんでした。そこで臣下と直接対面しないように、席の前に御簾《みす》を垂らしたことに由来します。朝鮮王朝で初となる垂簾聴政は、次の成宗《ソンジョン》の代も続けられ、大王大妃となった貞熹王后が実権を握ります。

1476年、成宗が成人して親政を開始します。成宗は、世祖代の重臣勢力を牽制すべく、地方から人材を抜擢します。その中心をなしたのは、金宗直《キムジョンジク》の弟子たちでした。金宗直は、高麗の臣下として名高い吉再《キルチェ》の学問を受け継ぎ、嶺南《ヨンナム》（慶尚道）地方を拠点に学問研究と弟子の育成に携わっていましたが、世祖のときに科挙に合格し、要職を歴任します。のちに「士林派《サリムパ》

朝鮮の歴代君主①

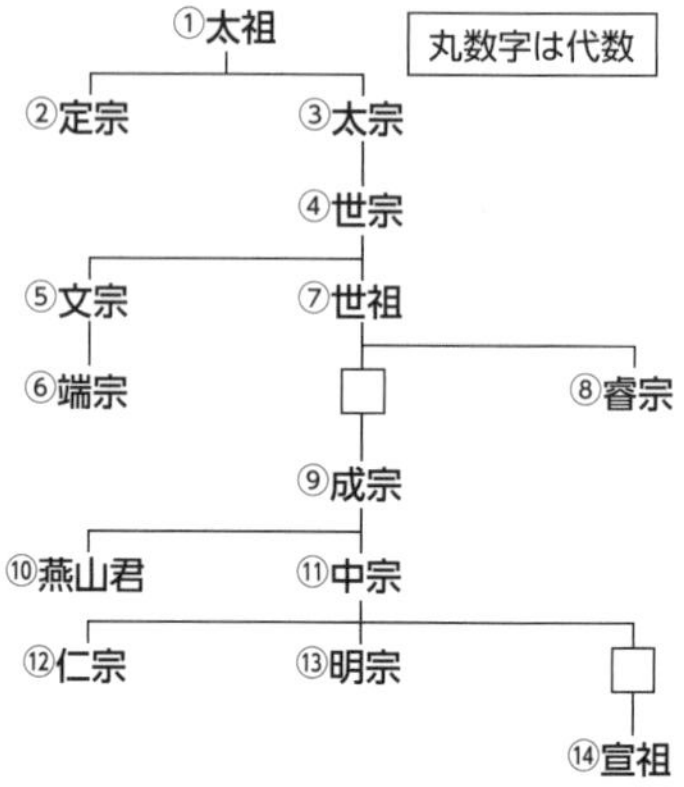

（しりんは）」と呼ばれる金宗直の弟子たちは、朱子学の原理にのっとった政治を提唱し、勲旧派と政治的に対立するようになります。

成宗は両者のバランスを取りながら、政治運営にあたります。1484年には、世祖の代から編纂が始められた『経国大典』がようやく完成します。一方で、世宗を尊敬していた成宗は儒教を重視し、世祖の進めた仏教保護政策を取りやめ、再びきびしい排仏崇儒政策に転じています。

また、世宗の代に建設された離宮の寿康宮《スガングン》を修繕し、「昌慶宮《チャンギョングン》」と改名しました。この昌慶宮に隣接し、やはり離宮として15世紀初めに建設された昌徳宮は、本来の正宮である景福宮とともにたびたび国王の御座所《ござしょ》にもなりましたが、昌慶宮のほうは王族の居所として長年使用されました。これら2つの王宮内にある建物の多くは、16世紀後半に日本軍が朝鮮半島へ侵攻した際に焼失したものの、戦後に再建され、現在、韓国政府によって国宝に指定されているものも少なくありません。

女性のあり方を定めた王母

親政後の成宗はひとまず安定した政治を実現しましたが、水面下では勲旧派と士林派の対立は深まっていきます。

成宗は排仏を進めましたが、王宮の女性たちは仏教をあつく信仰していました。そのなかの1人で成宗の実母である昭恵《ソヘ》王后（仁粋《インス》大妃）は、勲旧派と手を結ぶことで成宗の即位を助けた経緯があり、王朝でも強い影響力を持ちます。女性の行動規範を記した『内訓《ネフン》』を編纂するなど、才女としても知られる人物です。『内訓』は、女性はつつましく父や夫、息子に従うべきという、儒教における男尊女卑の考えを色濃く示すものであり、浮気や嫉妬《しっと》など、女性がしてはいけない行動を「七去之悪《チルゴジアク》」と定めています。漢字、梵字《ぼんじ》（サンスクリット）、ハングルの3種類の文字で表記されており、民衆の間に広く浸透し、朝鮮における女性の教育書となります。

女性の服装についても朝鮮独自の形式が固まります。朝鮮半島では、新羅の時代から中国や北方の騎馬民族の影響を受けながら服装が変化し、定着していきました。こうして成立した朝鮮半島独自の服装を韓服《ハンボッ》（北朝鮮では朝鮮服《チョソンオッ》）といいます。その女性用の韓服の巻きスカートを「チマ」、上着を「チョゴリ」といい、日本人の間ではチマチョゴリとして知られます。

1474年、成宗は最初の正妃を病気で亡くすと、側室だった尹氏《ユンシ》を正妃に昇格させます。しかし、尹氏は仁粋大妃との折り合いが悪く、勲旧派からも疎《うと》まれました。そのようななか、成宗と口論になった尹氏が、成宗の顔を爪で引っかくという事件を起こすと、仁粋大妃と勲旧派は、尹氏を正妃から廃するよう強く主張しました。やむなく成宗は尹氏を追放しますが批判は収まらず、尹氏は賜薬によって自死に追い込まれました。

朝鮮きっての暴君

1494年、成宗が死去すると、尹氏の生んだ子が即位します。これが燕山君《ヨンサングン》です。燕山君は即位当初こそ学問を奨励し、貧民を救済するなど善政をしきました。ところが、しだいに政務をおろそかにして、遊興におぼれます。こうした燕山君の態度を、とくに士林派の官僚が諫めます。そうしたなか、1498年、編纂中であった『成宗実録』の草稿に、士林派官僚が世祖の王位簒奪を暗に批判する文言がある、との勲旧派官僚からの訴えを聞いた燕山君は、これに関与した士林派官僚を大量に処刑しました。この事件を戊午士禍《ムオサファ》といいます。士禍とは「士林派が受けた受難」という意味です。

燕山君による臣下の大量粛清はこれだけでは終わりません。1504年、生母である尹氏が廃位された経緯を知ると、尹氏の死に関わった者を大量に処刑したのです。これは甲子士禍《カプチャ》と呼ばれ、粛清の対象は勲旧派にもおよび、すでに死去していた韓明澮は、墓を暴かれ屍体《したい》を斬首される刑を受けました。さらには、祖母の仁粋大妃のもとに押しかけ、侮辱的な暴言をはきました。仁粋大妃はその数日後に死亡します。

自分に邪魔な勢力を一掃《いっそう》した燕山君は、王に諫言する機関である司諫院《サガンウオン》を廃止し、従順な宦官や臣下だけを側に置きます。そのうえで全国の美女を集めて愛妾《あいしょう》とし、最高学府である成均館《ソンギュングアン》や、世祖の建立した円覚寺《ウオンガク》（現在のソウル市内のタプコル公園）を遊興の場としてつくり変えました。

燕山君にとくに気に入られたのが、奴婢の身分である妓生《キーセン》出身の張緑水《チャンノクス》です。自身の一族を官位に就け、気に入らない女官を処刑するなど燕山君の暴政に拍車をかけました。

この暴政に重臣たちはだまっていたわけではなく、反抗の機会をうかがっていました。1506年、燕山君がまたも大量粛清を行う（丙寅士禍《ピョンイン》）と、クーデターを決行します。燕山君に味方する者は少なく、クーデターは成功し、張緑水は処刑され、燕山君は廃位されたのちに都から追放されて2カ月後に病死します。このクーデター後、燕山君の異母弟にあたる晋城大君《チンソン》（中宗《チュンジョン》）が擁立されたことから、のちにこのできごとは「中宗反正《パンジョン》」と呼ばれます。

燕山君には、太祖や世宗といった廟号がありません。それは、廃位されて正式な王として認められなかったからです。

そもそも、朝鮮国王は李成桂から始まる李氏であり、王にはそれぞれ本名があります。ただし、本名は諱《いみな》といい、その名を呼ぶことはタブーとされていました。また、臣下や民に同じ漢字が使われないよう難しい漢字が使われました。

そして、死後には功績をたたえた諡号《しごう》と、「宗」や「祖」という字が使われた廟号がつけられるのです。廟号には法則があり、開祖や他国の侵略から国を守るなど功績のあった王には「祖」、それ以外の普通の（徳が高かったとされる）王には「宗」の号が贈られます。あくまで死後に贈られるため、多大な功績を残していても世宗は重臣からの評価が低かったため「宗」号、クーデターにより実権を握った世祖は功臣たちにより「祖」号が贈られたわけです。のちの王には、外国に支配されながらも対面を保つために「祖」号を贈られた王も出てきます。歴代27人の朝鮮王のなかで、廟号がないのは10代の燕山君と15代の光海君《クァンヘ》（くわしくは163ページ参照）だけです。

政争と対馬が頭痛のタネ

中宗は即位後、官僚を大量に登用します。自身の即位にあたって功績を立てた功臣勢力や勲旧派の勢力を牽制するとともに、燕山君の暴政で混乱した体制を立て直すために朱子学の理念にもとづいた政治の実現を目指したのです。中宗にとくに重用されたのが、士林派の趙光祖《チョグアンジョ》です。趙光祖は儒教の理想とする政治を目指し、清廉《せいれん》な官僚の推薦による賢良科《ヒョンニャン》を導入します。

ただし、あまりに急激で理想主義的な改革に中宗はとまどいます。この両者のすきを絶好の機会ととらえた勲旧派は、趙光祖が謀反をたくらんでいると中宗に吹き込みます。1519年、趙光祖と士林派は王命によって捕らえられました。この事件は己卯《キミョ》士禍と呼ばれます。趙光祖は地方に流罪となり、のちに中宗の命令により処刑されています。その後、勢力を盛り返した勲旧派による士林派への弾圧が続きます。

中宗の在位中の1510年には、三浦倭乱《サムポウエラン》（日本でいう三浦《さんぽ》の乱）が発生します。朝鮮側にとって、利益が少なく負担が大きかった日朝貿易を制限しようとしたことがその主な原因です。この制限に対し、三浦に住み着いていた日本人たち（対馬の人）は不満を持ちます。そして当時、朝鮮と日本の唯一の窓口として利益を得ていた対馬の宗《そう》氏の支援を受け、朝鮮政府の倭寇の取り締まりの強化をきっかけに乱を起こしたのです。

その後、乱は平定され、朝鮮は対馬との通交を断絶します。ただ、朝鮮との交易を生命線とする宗氏と、必需品の多くを日本からの輸入に頼っていた朝鮮の双方が妥協することになり、1512年の壬申約条《イムシンヤクチョ》によって、薺浦を唯一の日本船の入港地とすることで交易は続けられました。

同族による権力争い

中宗には長今《ジャングム》という医女《ウイニョ》（女性の医師）が仕えていたといいます。当時、医女は低い身分とされていましたが、『中宗実録』には大長今《テジャングム》の名とともに「予《よ》の体調は医女に聞け」と記されていることから、中宗がいかに長今を信頼していたかがわかります。この長今をモデルにした時代劇『宮廷女官チャングムの誓い』が2003年に放送され、日本でもヒットしています。

そのころ、日本では？

海外で日本人がきっかけで起こった乱として寧波《ニンポー》の乱があります。三浦の乱が起こったのちの1523年、有力守護の細川氏と大内氏が日明貿易の主導権をめぐって交易の窓口である寧波において戦闘行為をはたらきます。騒ぎを起こした結果、以後の日明貿易に制限がかけられました。

1544年にその中宗が死去すると、その子が即位します。これが仁宗《インジョン》です。仁宗は穏やかで清廉な人物でした。中宗が病に倒れると、みずから食事を毒味して看病したり、父の回復を祈ったりしたといいます。即位後は、己卯士禍で処刑された趙光祖と士林派の名誉を回復し、趙光祖の改革を受け継ごうとしました。ところが、生来病弱だったため、即位後わずか9カ月で亡くなります。

仁宗の後継者をめぐって、重臣の尹任《ユンイム》と尹元衡《ユンウオニヨン》が対立しました。尹任は中宗の2人目の正妃だった章敬《チヤンギヨン》王后の兄で仁宗の叔父、尹元衡は中宗の3人目の正妃となった文定《ムンジヨン》王后の弟にあたります。2人は同じ坡平《パツピヨン》尹氏ですが、本家筋の尹任の勢力を大尹派《テユンパ》、尹元衡の一派を小尹派《ソユンパ》といい、中宗の在位中から両派は犬猿の仲でした。

章敬王后の子である仁宗の即位によって尹任が優位に立ったものの、仁宗の死で立場は一変します。仁宗の死後に即位したのは文定王后の子でした。この明宗《ミヨンジヨン》は、まだ11歳と若かったため、母の文定王后が垂簾聴政を始めます。そして、明宗の叔父にあたる尹元衡は、明宗が即位した直後の1545年、尹任をはじめとした大尹派を粛清します。

この乙巳《ウルサ》士禍によって反対勢力を一掃した尹元衡は、外戚として朝廷の実権を握り、最高職である領議政となります。また、尹元衡の後妻の鄭蘭貞《チョンナンジョン》が、文定王后の垂簾聴政を支えました。その後、文定王后が亡くなると、尹元衡への不満が一気にふき出し、後ろ盾をなくした尹元衡と鄭蘭貞は王宮を追われた末に自害しました。

燕山君から明宗までの間に行われた戊午士禍、甲子士禍、己卯士禍、乙巳士禍の4つを、士林派への弾圧の象徴として「四大士禍《サデサファ》」と呼んでいます。

1567年に明宗が亡くなると、子がいなかったことから、中宗の孫で明宗にとっては甥にあたる河城《ハソン》君が即位します。傍系でありながら王位に就いたこの宣祖《ソンジョ》は、勲旧派や外戚のしがらみを受けず、積極的に士林派を登用しました。そのため勲旧派は弱体化していき、政権の中枢から姿を消していきます。

こうして、ようやく政権を担う立場になった士林派でしたが、今度は彼らが主導権をめぐって内輪もめをするようになります。1575年には人事をめぐる争いから、都の東に邸宅のある金孝元《キムヒョウオン》を中心とする「東人《トンイン》」、西に家のある沈義謙《シムウイギョム》を中心とする「西人《ソイン》」に分裂します。両派はやがて朋党《プンダン》を形成し、争うようになります。「党争《タンジェン》」ともいわれる党派間の争いは、以後、分裂をくり返しながら続いていくことになります。

ひみつコラム

朝鮮半島の多彩な料理

特徴は〝辛い〟ではなく、バランスのよさ

「冷麺《ネンミョン》」「クッパ」「ビビンバ」——いずれも、日本でも目にする朝鮮半島の料理です。そして平壌冷麺、開城湯飯《ケソンタンパン》、全州《チョンジュ》ビビンバが朝鮮時代より三大料理とされています。

韓国料理といえば、焼肉をイメージする人も多いでしょう。じつは、朝鮮半島で牛肉が本格的に食べられるようになったのは、高麗時代以降です。それ以前の王朝では、殺《せっ》生《しょう》を禁じる仏教があつく信仰され、肉食が禁じられていたからです。朝鮮時代になり、仏教が廃れたことで肉料理が発達し、牛1頭を余すところなく食べ尽くすために、部位ごとの調理法が確立されていき、現在に至ります。ちなみに、牛は上流階級のごちそうだったため、庶民はもっぱら豚肉や鶏肉を食べていたようです。

もう1つ、赤いキムチから韓国料理は〝辛《から》い〟というイメージがあるかもしれません。キムチは赤い白菜キムチが一般的ですが、キムチとは「塩漬《しおづ》けした野菜」を意味

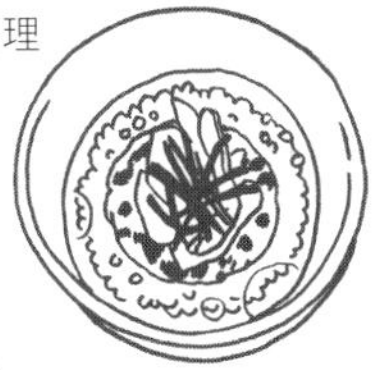

〈開城湯飯〉
スープにご飯を入れた料理

〈平壌冷麺〉
そば粉を使った冷たい麺料理

〈全州ビビンバ〉
卵や肉、野菜とご飯を混ぜた料理

し、唐辛子《とうがらし》を使わないものや、別の野菜を使ったものもあります。そもそも朝鮮半島では古くから、バランスよく食事をとっていれば健康でいられるので薬はいらない、という考え（薬食同源《ヤクシクトンウォン》）にもとづき、五味《オミ》（甘・辛・酸・苦・塩）、五色《オセク》（赤・緑・黄・白・黒）、五法《オボプ》（焼く・煮る・蒸す・炒める・生）による料理を、バランスよくとることが理想とされてきたことで、さまざまな見た目、味、食感の料理がたくさんあるのです。

　また、お茶は新羅時代に中国から伝わりましたが、非常に高価でした。そのため、庶民の間では、とうもろこしや麦を使った穀物茶や、柚子《ゆず》や干し柿などの果実茶が普及し、独特の喫茶《きっさ》文化が育まれました。

知れば知るほどおもしろい朝鮮半島の偉人⑤

世宗を支えた大発明家

蔣英実

チャンヨンシル

（1383 ～ 1450）

技術の力で農民の暮らしを助ける

世宗の改革を技術面から支えたのが蔣英実です。身分の低い家の出でしたが、当時の中国に留学し、帰国後、日時計の仰釜日晷《アンブイルグ》、時間がくると自動的に知らせてくれる水時計の自撃漏《チャギョンヌ》などを発明します。なかでも、開発に関わった測雨器《チュグギ》は、世界で初めての雨量計とされています。天文暦学にも明るく、天球儀である渾天儀《ホンチョニ》が王立天文台である簡儀台《カニデ》に設置されたほか、緯度を計測する大小の簡儀も置かれました。

世宗の信頼があつい蔣英実は、最終的に正三品という高位にまで出世しました。ところが、製造を監督した王の輿《こし》（移動するための残りもの）が破損するという事件が起こったことで罪に問われて失脚《しつきゃく》してしまいます。ただ、測雨器が全国に設置されるなど、蔣英実による発明は、天候や季節の移り変わりに左右される農業にとって大きな助けとなりました。

chapter 6

朝鮮の苦難

備えあれば憂いはなかった？

宣祖の治世下、東人と西人は政権の主導権をめぐって争います。朱子学者の李珥《イイ》は、この両派による党争を仲裁しようと尽力しました。李珥は乙巳士禍で左遷された李滉《イファン》と並んで朝鮮の二大儒《イデユ》と呼ばれる人物です。この2人は現代でも儒教の大家として尊敬され、李滉が1000ウォン紙幣、李珥が5000ウォン紙幣の肖像に選ばれています。

両者とも朱子学者ですが、その主張は異なっていました。李滉は朱子学の原理を尊重し、李珥はほかの学問も取り入れつつ、朱子学を朝鮮社会の実状に合わせようとしました。両者の主張の違いは党争にも持ち込まれ、東人は李滉の思想を、西人は李珥の思想を支持して対立します。李珥自身は、両者と距離を置いて宣祖の信頼を得ますが、東人からは西人とみなされ、李珥の目指す改革はことごとく反対されます。

1583年、李珥が十万養兵論を提唱します。当時、党争によって国内の綱紀《こうき》が乱れ、兵力が弱体化していたため、都に2万、八道にそれぞれ1万ずつの兵を置いて、外敵の侵入に備えようというものです。ところが、東人の柳成龍《ユソンリヨン》らが軍備増強は民の負担が大きいと反対したため、十万養兵論は採用されず、そのうえ李珥は左遷されます。その後、李珥は朝廷に返り咲きますが、1584年に病死します。その8年後、李珥の心配は、日本軍の襲来という形で現実のものとなるのです。

朝鮮の政権内部が党争に明け暮れていたころ、日本では豊臣秀吉が1590年に国内を統一し、大陸に目を向けます。そして1592年、秀吉は朝鮮半島への侵攻を開始しました。日本で文禄《ぶんろく》の役《えき》と呼ばれるこの侵攻は、朝鮮では壬辰《イムジン》倭乱と呼ばれます。

そもそも、秀吉が目的としたのは明の征服でした。朝鮮には、日本に服属したうえで明まで日本軍を先導するよう要請していました。とはいっても、明の冊封体制下にあった朝鮮は、そのような要求をのめるはずがありません。そこで、朝鮮との外交窓口と

朝鮮の歴代君主②

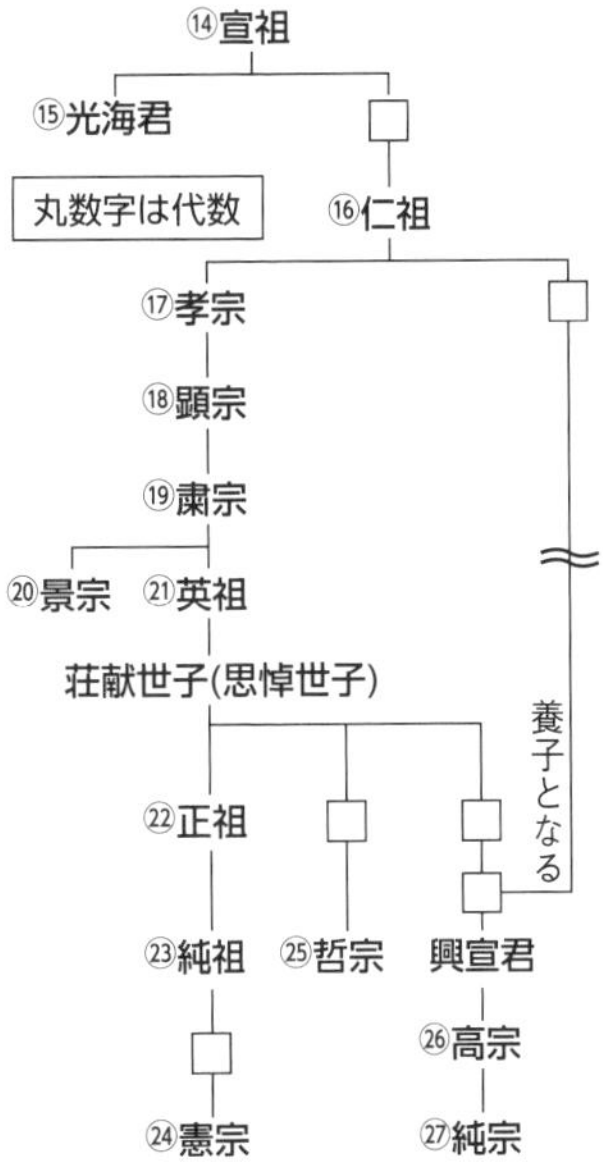

※高宗は大韓帝国の初代皇帝、
純宗は2代皇帝でもある

なっていた対馬の宗氏が調整役を務め、両国に偽《いつわ》りの報告をしてまで事を穏便に済ませようとしました。そのため、秀吉はあくまで明の征服を目指して朝鮮半島に大軍を上陸させました。ところが朝鮮側の抵抗にあい、朝鮮半島を戦場にした戦争となったのです。

それでは、朝鮮側は日本の襲来が予見できなかったかというと、そうでもありません。1590年、西人の黄允吉《ファンユンギル》を正使、東人の金誠一《キムソンイル》を副使とする使者が秀吉の国内統一を祝うために派遣され、秀吉に謁見します。なお、宗氏らの偽りの報告によって、秀吉は朝鮮が日本に服属の意思を伝えるために使者を派遣してきたと思い込んでいました。

帰国後、黄允吉は秀吉の傲慢《ごうまん》な態度から日本軍の襲来に備えるべきと報告したのに対し、金誠一はそれを否定します。このころの朝廷では東人が優勢で、左議政だった柳成龍は金誠一の主張を支持し、宣祖も東人の意見を採用しました。

長らく対外戦争をしていなかったうえ、何の備えもしていなかった朝鮮軍にくらべ、戦国時代を戦い抜いた日本の武士は兵の練度や装備で上回っていました。釜山に上陸した日本軍は、各地を占領しながら1カ月とたたず漢城を陥落させます。迎え撃つ朝鮮軍は連戦連敗でした。唯一、全羅道の水軍を率いていた李舜臣《イスンシン》（りしゅんしん）が、海流を利用して日本の水軍を急襲し、日本の補給線を乱すことに成功しています。

明のおかげで一時休戦

侵攻に対応できなかった宣祖は戦うことなく漢城を放棄し、開城、平壌と北に逃れ、鴨緑江南岸まで追いつめられます。宣祖が漢城を捨てたことに民は失望し、漢城では下層民が官庁を襲撃し、奴婢の名簿などを焼き捨てます。景福宮にも民が侵入し、略奪が行われました。宣祖が開城近くの宿泊地から開城に向けて出発しようとした際、随行すべき臣下や兵士はすべて逃げ去り、王の一行が開城に到着すると、民衆から罵声《ばせい》を浴びせられたともいいます。しかも宣祖の2人の王子が、日本側に寝返った朝鮮人の勢力に捕らえられ、日本軍に引き渡されるという事態も起こります。

国家存亡の危機に陥った朝鮮は、宗主国である明に援軍を求めます。1593年、明はこれに応じて援軍を朝鮮半島に送ります。しかし、日本軍との戦いによって甚大な被害を受け、兵糧も不足します。そこで明は、日本との講和を模索します。その間、朝鮮半島各地では、地方の両班が民間人を組織した義兵を率いてゲリラ戦を展開しました。

義兵の代表的な指導者には、慶尚道の郭再祐《クァクチェウ》、全羅道の金千鎰《キムチョニル》、忠清道の趙憲《チョホン》、僧侶の休静《ヒュジョン》（西山大師《ソサンデサ》）などがいます。

義兵らの奮戦もあって戦線が膠着《こうちゃく》している間に、日本と明による和平交渉は進められ、両軍の撤退が決定します。ただ、朝鮮側の意見を無視して交渉が行われたため、捕虜となった2人の王子は返還されたものの、講和の内容は朝鮮にとって不本意なものでした。

戦争はいったん収束し、宣祖は漢城にもどることができました。とはいえ、朝鮮半島を挟んでの日本と明の戦いは終わったわけではありませんでした。というのも、講和が成立したのは、日本と明の交渉役がたがいに〝相手が降伏した〟と思い込ませた偽装工作によるものだったからです。その後1596年に「秀吉を日本国王に封じる」という内容の国書を携えた明の使者が日本にやってきたことから、秀吉は講和条件が通っていないことを悟り、激怒します。使者を追い返した秀吉は、再侵攻の準備を始めます。

翌1597年、日本は朝鮮に再侵攻します。日本で慶長《けいちょう》の役《えき》と呼ばれるこの侵攻は、朝鮮では丁酉《チョンユ》倭乱と呼ばれます。朝鮮はただちに迎え撃とうとしましたが、壬辰倭乱で活躍した李舜臣は命令違反の責任を問われ、水軍を指揮する統制使《トンジエサ》の職を解任されていました。そのような状況で日本軍との海戦に臨んだ朝鮮水軍は大敗します。宣祖はあわてて李舜臣を水軍統制使に再任しましたが、このとき、朝鮮水軍には主力の軍船が12隻《せき》しか残っていなかったといいます。それでも、李舜臣は日本軍の先鋒を攻撃し、甚大な被害を与えました。

一方、日本軍の本隊は朝鮮南部を占拠したものの、朝鮮軍と明軍の抵抗を受けて戦線は膠着します。やがて1598年に秀吉が病死すると、内部で厭戦《えんせん》気分が広がり、日本軍は朝鮮半島から撤退していきます。

李舜臣は撤退する日本軍を追撃して被害を与えたものの、流れ弾に当たって戦死します。李舜臣は救国の英雄として現在まで尊敬を集めています。ソウル中心部には銅像が建てられ、100ウォン硬貨の肖像にもなっています。また、現在の韓国海軍の主力となっている駆逐艦群の1つに、忠武公《チュンムゴン》李舜臣という名の艦を筆頭とする忠武公李舜臣級駆逐艦6隻があります。なお、韓国海軍の駆逐艦には、広開土大王や世宗大王など、歴代の名君や名将の名がつけられています。

二度にわたる戦乱を乗り切ったものの、被害は甚大でした。農地は荒れ、戸籍は焼かれ、漢城にあった王朝の重要な記録類も消失してしまいました。幸いにも、王朝の公式記録である『朝鮮王朝実録』は地方に保管されていた1セットのみがかろうじて無事でした。文化財や美術品も略奪されるか破壊され、捕虜として多くの民が日本へ連れ去られます。その1人、李参平《イサムピョン》によって日本では有田焼がつくり出されました。薩摩藩《さつま》（現在の鹿児島県）には養蜂《ようほう》技術が伝わりました。その反対に日本からは、キムチに欠かせない唐辛子が伝わったともいわれます。

宣祖は復興のために、穀物や金を納めた民を優遇する納粟策《ナプソクチェク》を定めます。一定の金額を納めれば、賤民でも良民になり、良民なら官位を与え、労役を免除するという制度です。そして倭乱で援助を受けた明に対しては、国の危機を救ってくれたという恩義から「再造之恩《チェジョジウン》」という崇明《すうみん》意識が高まります。その明は、朝鮮への派兵が要因となって深刻な財政難に陥り、それが遠因で滅亡へ向かっていくのです。

戦いは終わるも党争は終わらず

倭乱ののち、朝廷の腐敗は一時解消されましたが党争は続きました。東人は「北人《プギン》」

と「南人《ナミン》」に分かれ、さらに北人が宣祖の後継者をめぐって、庶子ながら賢明な光海君を推す「大北《テブク》」と、幼少ながら嫡子《ちゃくし》の永昌大君《ヨンチャン》を推す「小北《ソブク》」に分かれます。

1608年に宣祖が亡くなると、年齢、実績ともに上だった光海君が即位します。すると、光海君を支持した大北が永昌大君を殺害し、その母である仁穆王后《インモク》を幽閉します。光海君はこのできごとの主犯とする悪評もあります。

しかし、その悪評とは裏腹に、即位して実施した政策は、戦争で疲弊した国内体制を立て直し、民を救うものでした。とくに1608年の即位直後には、国家財政の再建と農民負担の軽減を目指して大同法《デドンボプ》という新税制を制定します。それまで官庁や王室の必需品を現物徴収していた制度を改め、それらの負担を地税に一本化して新設の宣恵庁《ソネチョン》に納入させるものです。大同法の実施地域は、当初は京畿に限定されていましたが、その後100年かけて徐々に全国に拡大されていきます。

即位した翌年には、日本とも国交を回復します。秀吉の没後、権力を握った徳川氏の指示のもと、対馬の宗氏を介して、朝鮮側と交渉が行われていたのです。宗氏との間では己酉《キユ》約条を結び、貿易を復活させます。日本にいた朝鮮人の捕虜も返還されました。

以後、江戸幕府の将軍が代替わりするたびに、朝鮮国王の使節である朝鮮通信使が派遣され、学問や文化の交流が生まれます。最初のハングル小説『洪吉童伝《ホンギルトンジョン》』の作者でもある儒家の許筠《ホギュン》は、光海君に重用され、通信使の使節として日本を訪れています。

そのころ北方では、女真族《じょしん》が建国した後金《こうきん》が勢力を拡大していました。そのため、光海君は後金とも明とも距離を置き、中立の立場をとります。しかし、この外交方針は重臣の反発を受けます。大恩ある明と距離を置いたにもかかわらず、日本と国交を結んだからです。1623年、政権中枢から疎外されていた西人が、光海君の甥にあたる綾陽君《ヌンヤン》を擁立して光海君を追放します。このできごとは「仁祖《インジョ》反正」と呼ばれます。

光海君は、最初は江華島、そののち済州島に流されまし

そのころ、日本では?

朝鮮通信使は、江戸時代を通して全12回派遣されています。通信使は総勢500名を数え、瀬戸内海から大坂に上陸し、そのほとんどが江戸を訪れます。朝鮮側としては日本の内情を探るため、日本の江戸幕府は通信使を事実上の朝貢使節ととらえ、権力誇示のために歓待しました。

た。燕山君に続く暴君とされ、廟号はありませんが、近年は現実的な政治センスを持った王として再評価されています。

裏目に出た親明政策

擁立された綾陽君こと仁祖は、宣祖の孫にあたる人物です。とはいえ、傍系《ぼうけい》であり、本来であれば王位に就ける立場ではありませんでした。そのため、支援者だった西人の主張が政権運営に強く反映されます。すなわち、光海君時代の方針が撤回され、親明政策を推進し、後金と敵対する路線に転じたのです。

仁祖が即位した翌1624年、その擁立に力を貸した武臣の李适《イグアル》が論功行賞に不満を持ち反乱を起こします。この李适の乱により仁祖は漢城から一時避難します。やがて乱は鎮圧されますが、反乱軍の一部が後金へ逃げ込み、朝鮮を討伐するよう働きかけます。

これを口実として1627年、3万の後金軍が朝鮮に侵攻してきます。これを朝鮮では丁卯胡乱《チョンミョホラン》と呼びます。後金軍は平壌を占拠すると漢城に迫ったため、仁祖は江華島に避難します。朝鮮軍は敗北続きで、仁祖は後金が提示した講和条件をのむしかありませ

17世紀前半の朝鮮とその周辺

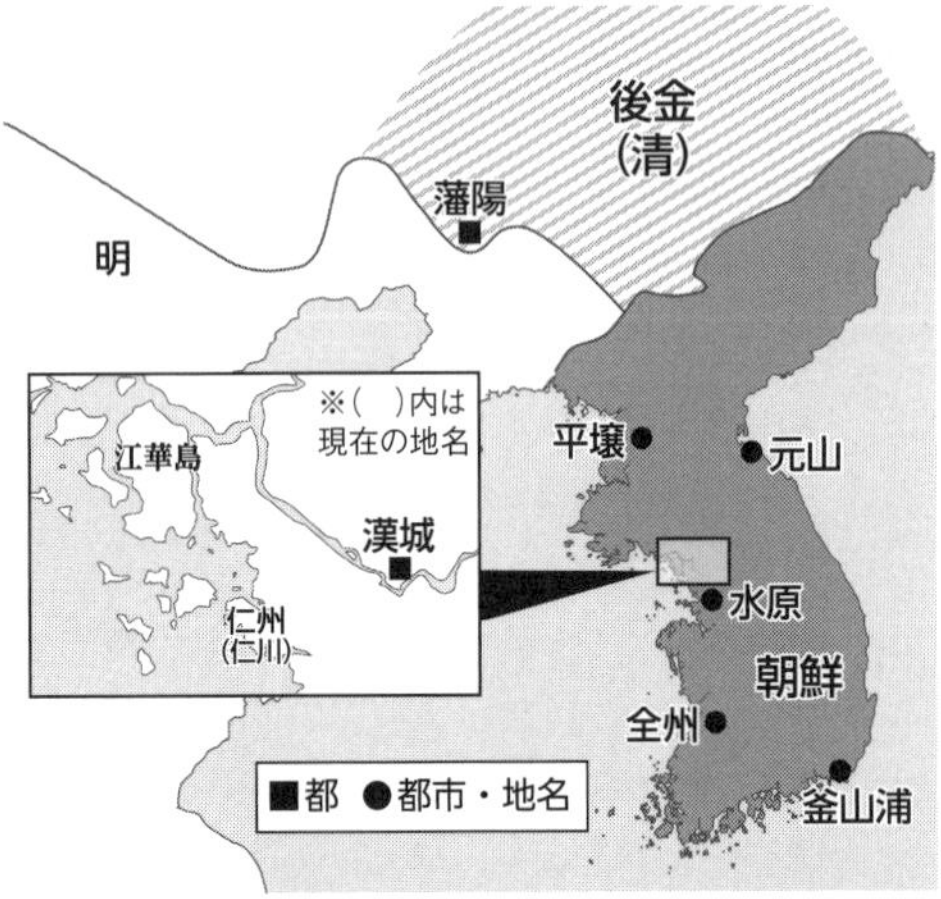

んでした。その内容とは、後金を兄、朝鮮を弟とし、朝鮮が親明政策をやめることでした。しかし、この講和条件に反発する重臣が多く、朝鮮はその後も親明政策を続けます。

1636年、後金が国号を清《しん》に改め、朝鮮に君臣の契《ちぎ》りを結ぶよう求めてきます。この要求に対し、朝鮮では主戦論が大勢を占めました。そこで清の第2代皇帝のホンタイジみずから兵を率いて朝鮮へ侵攻します。これを朝鮮では丙子《ピョンジャ》胡乱といいます。清軍はわずか5日で漢城に迫り、江華島へ逃れる時間がなかった仁祖は、漢城の南に位置する南漢山城に立てこもって抵抗します。城が包囲されている間に市街は荒らされたうえ、城の食料も尽き、仁祖は籠城《ろうじょう》40日にして降伏しました。

自分たちこそ中国王朝の後継者

清に降伏後、仁祖は漢城郊外の漢江の渡し場である三田渡《サムジョンド》においてホンタイジと対面し、清へ臣従することを誓います。講和の条件は、清の属国となり明と断交すること、賠償金《ばいしょうきん》を支払うこと、王族を人質として当時、清の都があった瀋陽《しんよう》（中国遼寧省瀋陽市）に送ることなど11の項目からなるきびしい内容でした。この三田渡の盟約をもって、太祖から続いていた明への朝貢は途絶え、朝鮮は清の朝貢国となったのです。

夷狄《いてき》（蛮族）と見下していた清に従属することは、朝鮮にとって屈辱《くつじょく》でした。さらに、1644年に明が滅亡し、代わって清が中国大陸の支配者となります。すると朝鮮では、〝自分たちこそ滅亡した中国王朝の継承者である〟という「小中華思想《ソジュンファササン》」が芽生えます。中国大陸が夷狄のものとなったため、長年にわたって中国王朝（大中華《テジュンファ》）の制度や文化を取り入れてきた朝鮮（小中華）が、中国王朝を引き継ぐというわけです。この思想は、清に臣従する屈辱から逃れようとする朝鮮の知識層の拠り所となりました。

1645年、仁祖の長男で人質となっていた昭顕世子《ソヒョン》が帰国しますが、清に好意的な立場（親清派）になっていたことから仁祖は激怒します。帰国して2カ月で昭顕世子が病死したため、仁祖による毒殺説もささやかれています。1649年に仁祖が死去し、代わって王位を継いだ次男の孝宗《ヒョジョン》は、昭顕世子と同じ人質生活を送りながらも、清を憎《にく》んでいました。父が清の皇帝の前でひざまずかされ、自身が人質とされていたからです。

孝宗は即位すると、軍備を増強して清に侵攻する北伐《ほくばつ》を計画します。とはいえ、国内に軍を強化する余裕はなく、実現しませんでした。孝宗が在位10年で没すると、子が跡を継ぎます。この顕宗の在位15年の間には、朝鮮半島で大規模な飢饉が発生しています。

人事異動で問題解決？

顕宗の跡を継いだのは、その長男で14歳の粛宗《スクチョン》です。粛宗は即位当初から南人が権力をふるっていたのを憂《うれ》い、1680年、「庚申換局《キョンシンファングク》」と呼ばれる人事の入れ替えを断行します。換局とは、政権を入れ替えることです。要職にあった南人を罷免《ひめん》し、西人を次々と登用します。ところが、南人の処遇をめぐって西人が「老論《ノロン》」と「少論《ソロン》」に分かれます。この老少2派と、南人、弱体化した北人を総称して「四色《サセク》」といいます。

党争の影響は後宮にもおよびました。粛宗は西人の推す仁顕《イニョン》王后を正妃に迎えていました。そこへ南人が、張玉貞《チャンオクチョン》（張氏《チャンシ》とも呼ばれる）という美女を送り込みます。張氏は粛宗に気に入られると男子を生み、側室で最高位にあたる嬪《ビン》に昇格して「禧嬪《ヒビン》」と称します。やがて、張禧嬪が生んだ子を後継者とするかどうかで、西人と南人で意見が対立します。

粛宗は1689年に二度目の換局を行い、今度は西人を追放して南人を重用します。これは「己巳《キサ》換局」と呼ばれます。後宮では仁顕王后が廃位され、張氏が嬪から正妃となりました。ところが、張氏はしだいに傲慢になり、1694年に実施された「甲戌《カプスル》換局」によって嬪に格下げされ、仁顕王后が復位します。やがて仁顕王后が亡くなると、仁顕王后を呪い殺したという疑いをかけられた張氏は、賜薬により自死させられます。その後、どの派にも属さず、粛宗のお気に入りだった崔氏《チエシ》が嬪になります。

この張玉貞をはじめ、燕山君の暴虐を加速させた張緑水、明宗の時代の鄭蘭貞の3人は、朝鮮時代の価値観においては朝鮮三大悪女に数えられます。

粛宗のとった政策は一見すると優柔不断に映るかもしれませんが、換局によって各派

党派の分裂

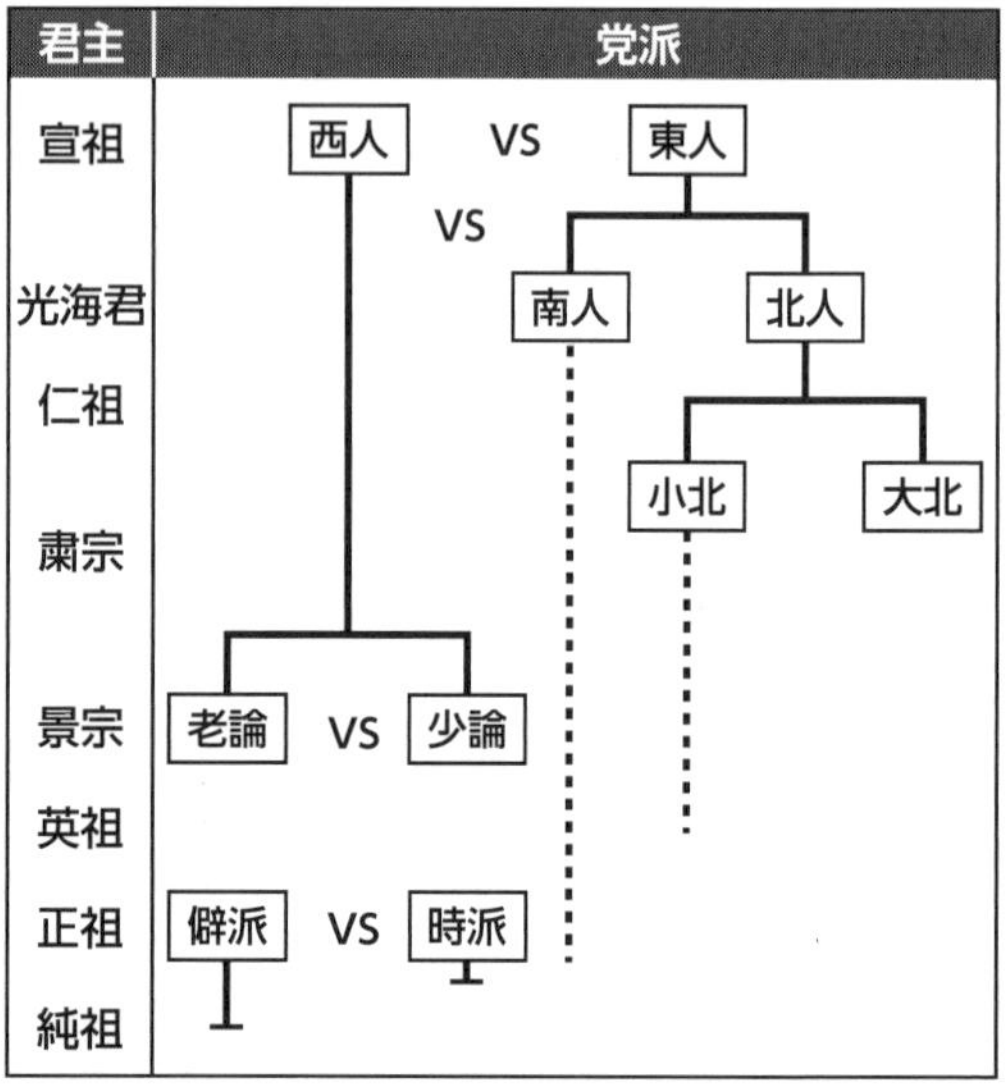

を対立させることで王権を強化したという見方もできます。党争がくり広げられる最中も、大同法の実施地域を広げ、1678年には銅銭の「常平通宝《サンピョントンボ》」を発行して商業の活性化にも力を入れます。それ以前、新羅や高麗の時代では、中国の貨幣が主に使用されていました。太宗と世宗の代に発行された朝鮮通宝など、独自の銅銭を鋳造する動きもみられましたがあまり流通せず、民間では米や麻布《あさぬの》、綿布が貨幣の代わりを担っていました。常平通宝の発行量は最初こそ少なかったものの、しだいに普及し、以後、朝鮮の主要通貨となります。

ところで、現在、韓国が領有を主張する竹島をめぐる問題は、このころのできごとに端《たん》を発します。当時、無人島だった日本海に浮かぶ鬱陵島《ウルルンド》（うつりょうとう）の帰属をめぐって、朝鮮は江戸幕府と3年以上にわたって交渉を重ねます。しかし、朝鮮側の強い主張により合意に至らず、幕府は鬱陵島への日本人の渡航を禁止しました。この一連の外交問題を日本では「竹島一件《たけしまいっけん》」といいます。

なぜ「竹島」なのかというと、当時の日本では鬱陵島のことを「竹島」と呼んでいたからです。現在、韓国が独島《ドクト》、日本が竹島と呼んで領有を主張する島は、当時は「松島《まつしま》」と呼ばれていました。このため、竹島一件で渡航禁止となった島に、現在の竹島が含まれるかどうかで日韓で意見が分かれるようになったのです。日本側は鬱陵島と松島（竹島）は別の島という考えです。対して韓国側は、独島（松島）は鬱陵島（竹島）に付随する島という考えであり、現在の竹島（独島）に対する呼称が一定でないため、現在まで続く、竹島問題を複雑化させる遠因となっているのです。

派閥争いにはバランスが大事

1720年に粛宗が死去すると、張禧嬪の生んだ子が即位します、これが景宗《キョンジョン》です。

景宗は病弱で跡継ぎは望めなかったことから、実権を握っていた老論は淑嬪崔氏の生んだ異母弟の延礽君《ヨニン》を王世弟とし、後継者にすえました。とはいえ、延礽君も未成年であり、王に代わって世子（世弟《セジェ》）が政権運営を行う「代理聴政《テリチョンジョン》」を行うよう老論が主張すると、少論が反発します。すると、老論の中心的存在であった4人の大臣が、謀反の罪を着せられて追放されます。これを辛丑獄事《シンチュクオクサ》といいます。

続けて、少論は延礽君をも排除しようとします。ところが1724年、景宗が即位3年で病死したため、延礽君が即位します。この英祖《ヨンジョ》は即位早々、少論を追放し、老論を登用します。しかし、老論の勢力が強くなり過ぎたことから、換局によって少論を登用したところ、その力が拡大したため、両派から均等に人員登用する蕩平策《タンピョンチェク》をとります。これは、大臣から各官庁の人員まで、両派から均等に人事を行いバランスをとるものです。両派の力を拮抗させることで、王が最終的な政策決定を行えるようにしたのです。

その後、英祖は蕩平策を四色にまで広め、党派のバランスがくずれないよう尽力しました。同じ党派の家同士の婚姻を禁止し、政略結婚による党派同士の結束を乱そうとしました。また、死刑には必ず再審、再再審を行う三審制を導入します。

党派のバランスを保つことに苦心した英祖ですが、1755年に起こった戊申乱《ムシンラン》に関与した少論の一派が処刑されると、老論が勢力を伸ばします。この機会に、老論は王の嫡男である荘献世子の失脚をねらいます。なぜなら、1749年から英祖は荘献《チャンホン》世子に代理聴政を行わせており、その荘献世子が少論の学者に近かったからです。そこで、老論は正妃の貞純《チョンスン》王后と共謀し、英祖に対して世子をおとしめる讒言をします。そのため、荘献世子と英祖の関係は悪化し、1762年には、英祖は荘献世子を廃し、しかも、米びつに閉じ込めて餓死させました。このできごとは壬午《イモ》士禍と呼ばれます。

のちに荘献世子の無実が判明すると、英祖は深く後悔し、荘献世子に思悼《サド》世子の号を贈り、その遺児を王世孫に立てます。この子がのちの正祖《チョンジョ》です。

わが子を誤った判断で死に追いやった英祖ですが、為政者としては有能でした。1750年、それまでは綿布2疋《ひき》を国に収める人頭税化していた軍役の負担を軽減するため、これを1疋に減らす均役法を実施します。飢饉の際の代替食として、日本に渡った通信使が持ち帰ったサツマイモの栽培も奨励します。1776年に83歳で没するまで、英祖の治世は52年におよび、在位期間は歴代の朝鮮王のなかで最長です。

有能な人材を集める

英祖の晩年から代理聴政を任されていたことから、英祖の死後、正祖への政権移行は速やかに行われました。このころ朝廷の官僚たちは、正祖の父である思悼世子が死に追いやられたことを是とする「僻派《ピョクパ》」と、同情的な「時派《シパ》」に分かれていました。僻派には老論系が多く、時派は少論が中心を占めていましたが、両派は従来の四色の枠を超えたところに成立したものです。正祖はもちろん、老論を中心とする僻派を嫌います。

正祖は即位直後、奎章閣《キュジャンガク》を設置します。中国や朝鮮の王朝に関する文献を集めて研究する王立図書館兼研究機関です。人材育成の場としても機能します。当初、正祖が最も信頼していた人物として側近の洪国栄《ホングギョン》がいます。洪国栄は都を護る禁衛営《クミョン》の大将のほか、奎章閣や弘文館《ホンムングアン》の長、官吏の不正を取り締まる司憲府《サホンブ》の長官などを兼任する人物です。しかも、その妹は正祖の嬪であり、威勢は並ぶ者がいませんでした。このように、外戚が政権の要職を独占することを「勢道政治《セドジョンチ》」といいます。ただ、増長した洪国栄を非難する声が大きくなり、1779年に正祖の判断により失脚させられます。

その後、正祖は祖父にならって蕩平策を推進しました。正祖による蕩平策の特徴は、それまで公職に就けなかった庶子も抜擢したことです。出自や党派に関係なく、優秀であれば奎章閣の研究員として登用したのです。やがて、奎章閣の出身者が朝廷の要職に就くようになり、正祖の政治を支える中心勢力となっていきます。

朝鮮時代のルネサンス

学問を振興した英祖にならい、正祖も学問・文化の振興には力を入れました。1785年に刊行された法典『大典通編《テジョントンピョン》』は、『経国大典』と英祖が刊行したその続編の『続大典《ソクテジョン》』を再編し、新しい項目を追加したものです。

正祖の改革が進むなか、新たな学問として脚光を浴びたのが、のちに「実学《シルハク》」と呼ばれるものです。中国経由で入ってきた西洋の学問の成果も取り入れた実践的な学問のことで、工学、科学、医学、農学など多岐《たき》にわたります。とりわけ、地方行政の

心得を記した『牧民心書《モンミンシムソ》』の著者である丁若鏞《チョンヤギョン》が、実学の代表的な人物としてあげられます。丁若鏞は地理、医学、工学にも精通し、当時、朝鮮半島に伝わった天主教《チョンジュギョ》（カトリック）に改宗したことから、西洋の学問にも通じていました。正祖が、父親である思悼世子の陵墓のある水原《スウォン》（現在の韓国京畿道水原市）への遷都を計画すると、その建設責任者となります。丁若鏞が設計した水原華城《スウォンファ》は西洋式の築城技術をとり入れた城壁で中心部を囲った都城で、現在はユネスコの世界文化遺産に登録されています。

正祖はたびたび各地をめぐり、民の現状を視察しました。視察できない地域には、暗行御史《アメンオサ》という監察官を派遣し、地方官の不正を取り締まっています。民の困窮を知った正祖は、儒者の反発を受けながらも、実学を推進して民を救済しようとしたのです。

1791年には、漢城の商業を自由化する辛亥通共《シネトンゴン》を実施します。それまで漢城内では取りあつかう商品ごとに市廛《シジョン》という商人組合が独占販売権を持っていました。そこで

正祖は、こうした御用商人以外の商人の参加も認め、商業を活性化させたのです。

また、王室には肖像などを描く専門の画家を置いた図画署《トファソ》がありました。正祖の時代、それまでの中国王朝の影響を受けた画風とは違った独特の朝鮮絵画も誕生しています。図画署出身者には、民衆の日常や風景を描いた金弘道《キムホンド》（檀園《タンウオン》）、『美人図《ミインド》』で知られる申潤福《シンユンボク》（蕙園《ヘウオン》）がいます。これに19世紀後半に活躍した張承業《チャンスンオプ》（吾園《オウオン》）を加えた朝鮮を代表する3人の画家は、まとめて「三園《サムウオン》」と呼ばれます。

改革が次々と廃止に

正祖の治世下では、清で活動していたカトリック教会に属するイエズス会により、朝鮮半島にも天主教が伝わり、民間を中心に徐々に広まっていきます。ところが、天主教の教義が儒教と相入れないとして、僻派を中心に天主教排斥の声が大きくなります。それに対して、実学者の多い時派は西洋文化の1つとして受け入れるべきという姿勢を示し、両派は対立します。

開明的だった正祖は当初こそ対立を静観していましたが、天主教に改宗した両班がカトリック式の葬儀《そうぎ》を行ったことで重臣の間で批判が噴出し、対応を迫られます。1795年には中国人宣教師の密入国が発覚したため、正祖は天主教の活動を制限しました。

その最中の1800年、正祖が病に倒れて死去します。正祖の子が即位しますが、この純祖がまだ10歳と幼かったことから、英祖の王妃であった貞純《チョンスン》王后が曾祖母《そうそぼ》として垂簾聴政をとります。貞純王后は、かつて老論とつながり、正祖の父親が餓死に追い込まれた事件に関与しており、正祖とは不仲でした。貞純王后が垂簾聴政を執った3年間で正祖の改革は次々に廃止され、水原への遷都計画も白紙となります。天主教への弾圧を強め、水原華城の建設責任者であった丁若鏞も流罪とされました。

勢道政治で党争は崩壊

1804年、純祖の親政が始まります。しかし、要職は貞純王后の出身氏族である安東金氏《アンドンキムシ》に独占され、今度は安東金氏による勢道政治が始まりました。安東金氏である金祖淳《キムジョスン》の娘は、純祖が世子のころに結婚し、夫が即位することで正妃（純元《スンウォン》王后）となります。この安東金氏の専横に純祖は頭を悩ませます。そこで、純元王后との間に生まれた孝明世子《ヒョミョン》には豊壌趙氏《プンヤンチョシ》の娘を妃として対抗させます。ところが、１８３０年に孝明世子が死去し、純祖も１８３４年に死去したため、孝明世子の忘れ形見が即位します。８歳で即位した憲宗《ホンジョン》は、大王大妃である安東金氏の純元王后から垂簾聴政を受け、成長すると、生母である神貞王后の一族の豊壌趙氏を重用します。豊壌趙氏も権力を握ろうとし、安東金氏とはげしく争います。その後、跡継ぎがいないまま憲宗が22歳で死去すると、正祖の直系が途絶えます。そこで、豊壌趙氏は力を失い、安東金氏は正祖の弟の孫にあたる哲宗《チョルジョン》を立て、一族の娘を正妃（哲仁王后《チョルイン》）としました。以後、安東金氏による勢道政治がおよそ60年続くことになります。

このように、純祖の代以降は勢道政治が続き、党争の時代は終わりを迎えます。党争は儒教の解釈や礼儀の正しさをめぐって対立していました。安東金氏も儒者でしたが、勢道政治では血縁が何よりも重視され、教養よりも自分の一族の繁栄を優先しました。

没落家系から権力の頂点へ

安東金氏の独裁によって、政権に参画できない王族が反感を募らせていきます。加えて、官吏による汚職や民衆への搾取《さくしゅ》が横行したほか、天災による飢饉まで発生し、各地では反乱が相次ぎます。これら不正と災害により、国家財政の根幹となる田政《チョンジョン》(地税)、軍政《クンジョン》(軍役)、還政《ファンジョン》(農民救済制度)が破綻《はたん》します。これを三政《さんせい》の紊乱《びんらん》と呼びます。

さらに19世紀になると、イギリスやフランスといった西欧列強の交易船や軍船がたびたび朝鮮半島の近海に現れ、通商や開港を求めてきました。民衆は不安を抱きますが、世界情勢に暗い朝鮮の朝廷は、無策のまま時を過ごします。

この事態に立ち上がったのが、王族の興宣君《フンソン》です。興宣君は仁祖の8代孫にあたる人物でしたが家系は没落しており、貧しい生活を送っていました。そうしたなか、父が荘献世子の三男の養子となったことで権力の中枢に近づくと神貞王后にとり入り、わが子を孝明世子の養子とします。やがて、男子がいないまま哲宗が死去すると、その子が即位します。興宣君は11歳で王位に就いた実子の高宗《コジョン》に代わり、大院君《テウオングン》(だいいんくん)の称号を得て実権を握ります。朝鮮の歴史上、大院君による初めての執政《しっせい》であり、これ以後も大院君は現れないため、一般に大院君といえば、興宣大院君のことを指します。

大院君は権力を握ると安東金氏を政権から排除し、王権の強化を進めます。諸外国に対しては強硬な態度をとり、鎖国を強化し、天主教を徹底的に弾圧しました。このときの弾圧で殺害されたフランス人宣教師の報復として、フランス海軍から攻撃を受けましたが撃退しています（丙寅洋擾《ピョンインヤンヨ》）。1871年には、朝鮮側が開港を求めるアメリカの商船を沈めたため、損害賠償を求めたアメリカ海軍の攻撃も受けます（辛未洋擾《シンミヤンヨ》）。アメリカは江華島を占領して朝鮮への開国を求めましたが、大院君が開国を断固拒否したため、諦《あきら》めて撤退しました。

追いつめられて開国

大院君の外国への強硬な態度に危機感を抱いたのが、高宗の正妃となった閔妃《ミンビ》（のちの明成皇后《ミョンソンファンフ》）です。閔妃は鎖国を主張する保守派の大院君に対して、開国を唱える開化派《ケファパ》を協力者とすると、1873年にクーデターを起こして、大院君を王宮から追放します。そして政治に関心がない高宗に代わって、閔妃とその親族である驪興閔氏《ヨフンミンシ》（びんし）が実権を握りました（閔氏政権）。一方で追放された大院君は復権をはかったため、両者の争いが激化していきます。

そのころ、明治維新を経て新政権を樹立した日本が、朝鮮との国交を求めてきます。けれども、大院君は国交を拒否しました。また、対馬藩が管轄する釜山の倭館（対馬の外交出先機関）を日本側が大日本公館と改めたことに対し、勝手な改名だと激怒し、日本との交易を停止します。

この朝鮮側の対応に、日本では武力討伐を求める議論が持ち上がりますが、明治政府は慎重論をとりました。ただし、大院君の失脚後に交渉相手となった閔氏政権との交渉も難航します。そこで１８７５年、日本が軍艦を派遣して朝鮮を威圧しました。このとき、江華島で日本の軍艦が砲撃されたことを口実に、日本軍は江華島を攻撃します。これを日本では江華《こうか》島《とう》事件といいます。

これ以上の軍事衝突を避けたい閔氏政権は翌年、日本と「江華条約（日朝修好条規）」を結んで開国を決断しました。

そのころ、日本では？

明治政府内部では朝鮮王朝との外交関係をめぐって意見が分かれます。これをきっかけに、西郷隆盛が1873年に辞表を提出したのに続き、600名が官職を辞しました。この明治六年の政変がゆくゆく、日本最後の内戦である西南戦争や、自由民権運動につながっていくのです。

条約の主な内容は、釜山、元山（現在の北朝鮮江原道元山市）、仁川の開港、日本の公使館と領事館の設置、日本の領事裁判権の承認などです。

こうして鎖国体制が崩壊した朝鮮は、日本に続き、アメリカ、フランス、ロシアなどとも修好条約を結んでいきます。ただし、これらの修好条約は朝鮮側に不利な不平等条約であり、国内からの反発が根強く、宗主国である清も不快感を表明します。

そのようななか、1882年に閔妃の追放を求める兵士らによるクーデター「壬午軍乱《イモグルラン》」が発生します。王宮を抜け出した閔妃は清に保護されたことから開化派から親清派に転じます。清はクーデターを扇動した大院君を拉致《らち》して幽閉しました。なお、このとき、日本の公使館も襲撃されて被害を受けたことから、日本側は朝鮮に賠償金の支払いと軍の駐留を求め、日朝間で済物浦《チェムルポ》条約が結ばれています。

クーデターはこれだけでは終わりません。親日派で開化派だった金玉均《キムオッキュン》らが、閔妃の方針転換に落胆し、1884年にクーデターを起こして閔氏政権の打倒をはかったのです。しかし、わずか3日で清軍に鎮圧され、金玉均らは日本に亡命します。これを「甲申政変《カプシンジョンビョン》」といいます。政変を受けて、日本と朝鮮の間では、日本への謝罪や被害の補償などが盛り込まれた漢城条約が、日本と清との間では、双方の軍隊の朝鮮半島からの撤退などが盛り込まれた天津《テンシン》条約が結ばれました。

1894年、東学《トンハク》の地方幹部が主導する甲午農民戦争《カボノンミンジョンジェン》（こうごのうみんせんそう）が勃発します。東学とは、両班の家系の生まれである崔済愚《チェジェウ》が創始した新宗教です。天主教とも、儒学とも違う朝鮮独自の思想として、農民層を中心に信者を獲得していました。

農民軍は朝鮮半島南部で官軍に勝利し、全羅道の中心地である全州を占領します。そのため、朝鮮政府の出兵要請を受けて清軍が鎮圧に動くと、日本も邦人保護を名目に軍を展開させ、これがきっかけとなって同年のうちに日清戦争が勃発します。日清戦争の間、日本は清から返還された大院君を復権させ、朝鮮に親日政権を誕生させます。この動きに、日本軍の排斥を訴える甲午農民戦争の第二次蜂起が発生しましたが、日本軍に鎮圧されました。

大韓帝国の興亡

日清戦争が日本の勝利に終わると、日本と清は下関で講和会議を開き、条約が結ばれます。この下関《しものせき》条約では「清は朝鮮が独立国であることを承認する」という内容が盛り込まれたことから、朝鮮は清との宗属関係から脱することになります。

1895年、フランス、ドイツ、ロシアの干渉《かんしょう》（三国干渉）によって、日本は日清戦争の勝利で獲得した遼東半島の返還を求められます。これを日本の影響力の低下ととらえた閔氏政権は、ロシアの助けを借りようとしましたが、日本軍に閔妃が殺害され（乙未事変《ウルミサビョン》）、高宗はロシア公使館に逃げ込みます（露館播遷《アグワンパチョン》または俄館播遷《アグアン》）。また、閔妃の殺害によって反日感情が高まり、民衆の暴動が多発するようになります。

1897年、高宗はみずから天を祭って皇帝に即位し、国号を「大韓帝国《テハンジェグク》」と改め、光武《クアンム》という独自の元号を定めます。それまでは事大政策によって中国王朝の皇帝の臣下という位置づけにあったため王を名乗っていましたが、清の属国ではない、自主独立の国の君主であることを示すために皇帝を称したのです。大韓帝国という国号は朝鮮半島に古来存在した三韓に由来します。

中国王朝との君臣関係から抜け出たとはいっても、列強諸国が進出していたため、大国の保護を受けなければ国の存続は危《あや》ういという状況に変わりありませんでした。実際、今度は日本とロシアとが朝鮮半島をめぐって対立します。

1905年、朝鮮半島をめぐる日本とロシアとの対立は日露戦争という形で表面化します。大韓帝国は中立を宣言しますが、日本は漢城を征圧すると、大韓帝国との間に「第一次日韓協約」を結び、大韓帝国への干渉を強めます。さらに同年、日露戦争に勝利すると、「第二次日韓協約」の締結を大韓帝国に迫ります。この協約によって、大韓帝国は外交権を取り上げられ、日本の保護国となります。日本は大韓皇帝を監視し、諸外国との外交を司る「統監府《とうかんふ》」を漢城に置いたうえ、協約締結を主導した伊藤博文を、韓国統監府の長である初代統監としました。

1907年、この日本の動きに憤《いきどお》った高宗は、オランダのハーグで開かれた万国平和会議に協約の無効を訴える親書を持ち込もうとします。しかし、大韓帝国の外交権は日本にあるとして、アメリカをはじめとした各国に親書の受け取りを拒否され、会議にも出席できませんでした。密使は現地でのビラまきや講演会を行いましたが何の成果もなく、むしろ、国際社会から日本統治が認められていることを知ったのです。

このハーグ密使事件の責任を日本政府から問われた高宗は息子に譲位します。即位した純宗《スンジョン》は、朝鮮王朝の君主としては27代目、大韓帝国の皇帝としては２代目にあたります。ただ皇帝とはいっても、実質的には傀儡の皇帝でした。

朝鮮半島の各地では、日本軍を追い出そうと民衆が立ち上がり、義兵として運動を展開します。一方、日本政府内では、大韓帝国を併合するか、独立国のままとするかで意見が分れていました。そうしたなか、併合反対の立場だった伊藤博文が、清領内のハルビン（現在の中国黒龍江《こくりゅうこう》省ハルビン市）で朝鮮人青年の安重根《アンジュングン》に暗殺されたことで、日本政府の意見は併合に傾きます。

大韓帝国側にも併合を求める勢力があり、日本は併合に前向きだった大臣の李完用《イワンヨン》を相手に交渉を進めます。そして１９１０年８月22日、「韓国併合ニ関スル条約（併合条約）」が結ばれ、１３９２年の建国から数えて５１８年も続いた李氏による王朝は、ついに滅亡したのです。

知れば知るほどおもしろい朝鮮半島の偉人⑥

朝鮮を代表する良妻賢母

申師任堂

シンサイムダン

（1504～1551）

女性として韓国初の紙幣肖像に選ばれる

申師任堂は5人姉妹の次女として生まれます。師任堂は号で、本名は伝わっていません。18歳で結婚したのちも、詩人や画家として活躍し、数多くの作品を残しました。女性が活躍しにくい風潮にあった朝鮮時代において、夫や姑などから才能を認められ、支援されたのは非常にめずらしいことでした。

良妻賢母としても知られ、夫を科挙に合格させるために別居しつつ、7人の子を育てます。教育にも熱心に取り組み、とくに三男の李珥は儒者として大成し、現在は5000ウォン紙幣の肖像にもなっています。

2009年、申師任堂自身も、最高額紙幣である5万ウォン紙幣の肖像に選ばれたほか、その作品も紙幣で描かれています。韓国の紙幣の肖像に、女性が選ばれたのは初めてのことでした。なお、代表作の『草虫図繍屏《チヨチユンドスピヨン》』は国宝に指定されています。

chapter 7

日本統治から独立へ

「併合」に込められた思惑

併合条約によって、大韓帝国は日本の外地である「朝鮮」となりました。都だった漢城は「京城《けいじょう》」と改称されます。退位させられた純宗と妃、皇太子、および前皇帝である高宗は「王族」という地位を与えられ、純宗は大幅に建物を減らされた昌徳宮で暮らしました。王族以外の旧韓国皇族は「公族」と称されるようになります。王族・公族は、日本の皇族に準ずるあつかいを受けました。さらに従来の身分制度は撤廃され、上は士族（両班）から下は奴婢に至るまで、人々はすべて平民とされました。

ところで、併合条約における「併合」とは何を意味しているのでしょうか。この語は、国内外に対して、植民地支配という印象を薄めるために、「合併」でも「統合」でもない、まったく別の表現として選ばれたものです。現在の韓国では、韓国併合を「韓日合邦《ハニルハッパン》」「庚戌国恥《キョンスルグクチ》」などと呼びます。そして日本に統治されていた時代を、日本帝国主義の略語である「日帝《イルチエ》」を用いて、「日帝強占期《イルチエカンジョムギ》」「日帝時代」などと呼んでいます。

じつは併合条約の締結以前から、日本による統治のための下地づくりは進められていました。たとえば、江華条約の締結からまもない1878年に、日本から朝鮮に出店していた第一国立銀行（1896年の改組後は第一銀行）は、1902年に朝鮮半島で最初の近代的紙幣として第一銀行券を発行します。券面には、当時、第一銀行頭取だった渋沢栄一が描かれていました。第一銀行は大韓帝国の中央銀行的な役割を果たしたのち、1909年に大韓帝国が国立の韓国銀行を設立すると、業務はそちらに引き継がれます。なお、韓国銀行は併合後、朝鮮銀行と改称されます。

併合により韓国統監府は朝鮮総督府《そうとくふ》（以降、総督府）に改組されます。当初は統監府の建物を利用しましたが、1926年に景福宮敷地内に庁舎を新設し、移転しました。朝鮮総督（以降、総督）は天皇に直属し、絶大な権限をもって朝鮮を統治しました。初代総督は、現役の陸軍大将で

そのころ、日本では？

日清戦争の後に日本に併合されたのは朝鮮だけではありません。下関条約によって台湾が日本に譲渡されます。そのため、台湾は日韓併合よりも早い1895年から第二次世界大戦が終わる1945年まで、日本の統治を受けました。日本は台湾にも総督府を置き、皇民化政策を進めました。

あり第3代韓国統監だった寺内正毅《てらうちまさたけ》です。総督府には、総督のもと、総督官房および内務、度支《たくし》（財務）、農商工、司法の5部とその下部組織である9局が置かれました。

寺内のもとでまず行われたのは、土地調査事業です。これは近代的な土地所有権の確立と、地税徴収による財政基盤の確保を目的とするもので、併合直前の1910年3月から始まりました。一般の民有地は申告にもとづいて所有者を決定し、未申告地や所有者が不明な土地、そして旧韓国の皇室や国家機関の所有地などはすべて日本の国有地とされました。しかし、そうした土地のなかには、実際には長期間にわたって民が耕作していた事実上の民有地も含まれており、民有地についても課税をおそれて申告しない者が少なくありませんでした。この事業により、朝鮮人地主や、1876年の開港以後、早くに朝鮮で土地を得た日本人地主の所有権を法的に公認し、国有地とされた土地は日本人地主に安価で払い下げられていくことになります。

地方行政面では、それまでの八道を13に細分化し、地方官として道には知事、日本の市に相当する府には府尹《ふいん》を置き、いずれも日本人が任命されました。道の下位に位置する郡および日本の町・村にあたる邑・面の首長には朝鮮人が任命されましたが、実務を担当する書記は日本人でした。

　インフラの整備も行われ、鉄道や道路が敷設かれます。併合から10年の間に、京城と元山を結ぶ京元《キョンウォン》（けいげん）線、大田《テジョン》と木浦《モッポ》を結ぶ湖南《ホナム》（こなん）線、平壌と鎮南浦《チンナムポ》を結ぶ平南《ピョンナム》（へいなん）線など、内陸部から港までの路線網が整備されました（205ページの図を参照）。また、1905年に結んだポーツマス条約によってロシア帝国（以降、ロシア）から日本がゆずり受けた東清《とうしん》鉄道南満洲支線を整備・改修します。1911年には、この鉄道と朝鮮の鉄道がつながり、のちにはハルビンまで直通する急行列車まで走るようになりました。大量の物資移送が可能になり、朝鮮は大陸への玄関口として、工業や商業が活性化していきます。

　ただ、こうした事業を手がけたのは、朝鮮半島に進出した日本企業でした。1911年に施行された会社令では、会社の設立を許可制としています。実際には、日本人会社の設立はすぐに許可された一方、朝鮮人はなかなか許可されませんでした。

　教育分野でも変化が訪れます。朝鮮時代には書堂《ソダン》と呼ばれる私塾が各地に置かれていましたが、富裕層しか通えないうえ、習得が難しい漢文での授業でした。そこへ、新たに学校が建設されたことで庶民も教育を受けられるようになり、覚えやすいハングルが授業で用いられ、普及していきました。

日本による急激な制度改革に対し、特権を奪われた旧両班は反発します。これを取り締まるため、総督府では憲兵警察制度を導入します。憲兵とは本来、軍の治安を司る組織です。朝鮮における警察官の数が少ないことから、警察業務を行うようにしたのです。憲兵全体のうち、朝鮮人が占める割合のほうが多かったものの、その上官は日本人で占められ、朝鮮人は憲兵補助員や巡査でした。

憲兵の上層部には、裁判を経ずに刑を執行できる権限が与えられており、日本の統治に反発する人物は逮捕されていきます。このような高圧的な統治を「武断政治」と呼びます。

独立機運の高まり

武断政治により朝鮮人の反日感情は高まったものの、憲兵警察の取り締まりがきびしいため、国内での民族運動は困難でした。そのため、ロシアや中華民国など、海外で民

家です。

12年に清が倒れたのち、革命家である孫文《そんぶん》を中心として中国大陸に新たに成立した国

族運動を展開するグループが現れます。中華民国とは、辛亥革命《しんがい》をきっかけとして19

武断政治が続くなか、1914年から始まっていた第一次世界大戦が1918年に終わり、日本は戦勝国となりました。そして終戦の翌年、アメリカ大統領ウィルソンが民族自決を含んだ「十四カ条の平和原則」を発表します。自民族のことは自民族で決めるという原則は、日本の統治下にあった朝鮮に独立の志を芽生《めば》えさせます。

上海《シャンハイ》で活動していた独立運動家の金奎植《キムギュシク》は、講和会議の開かれるパリにおもむくと朝鮮の独立を訴えました。このとき、アメリカに留学して独立運動に目覚めた李承晩《イスンマン》も、パリを目指そうとしますが、アメリカ政府から出国を認められませんでした。この2人は、のちに大韓民国（韓国）の成立に大きくかかわることになります。

「朝鮮近代文学の祖」として尊敬を集める李光洙《イグアンス》は、日本に留学中だった1919年2月8日、仲間とともに「二・八独立宣言《イパルドンニプソノン》」を発表します。李光洙は帰国後、『東亜日報《トンアイルボ》』に所属して執筆活動を行いました。

公園から始まった独立運動

こうした海外での独立機運の高まりに、朝鮮国内の仏教、天主教、天道教《チョンドギョ》（東学の後身）の宗教指導者らが団結します。現代の韓国では無宗教という人が人口の半分近くを占めますが、当時は仏教と天主教が拮抗し、天道教の信者も少なくありませんでした。そのため、宗教指導者が大きな影響力を持っていたのです。

彼らは33名の民族代表を選出して、1919年3月1日に京城のパゴダ公園（現在のタプコル公園）で、李光洙と並ぶ文学者の崔南善《チエナムソン》が起草した「独立宣言」を読み上げる計画を立てます。独立宣言を記したチラシがひそかに印刷され、全国に配られます。同年1月に高宗が死去したため、高宗の葬儀が行われる日に決行する予定でした。

そして3月1日当日、運動が暴徒化することをおそれた民族代表者33名は自首して逮捕されましたが、公園には数千人の群衆が集まりました。そうして、学生代表が独立宣言を読み上げると、次々に「独立万歳《トンニプマンセー》！」と声が上がります。すると、群衆が公園から街頭に出て、デモ行進をするうちに、群衆は数万にもふくれ上がったといいます。

その後、全国に波及したこの運動は「三・一運動《サミルウンドン》」と呼ばれます。3月末から4月にかけて、各地で運動が展開され、約200万人が参加するまでに拡大しました。総督府はこの運動に対し、憲兵・警察に加え、軍まで動員して鎮圧に乗り出します。

鎮圧の過程で多くの朝鮮人が犠牲《ぎせい》になりました。そのなかに女子学生のリーダーだった15歳の柳寛順《ユグアンスン》がいます。柳寛順は逮捕されたうえ拷問を受けて獄死します。柳寛順は、独立烈士として英雄視され、「朝鮮のジャンヌ・ダルク」とたたえられています。

1919年4月、三・一運動に呼応し、上海において「大韓民国臨時政府」の樹立が宣言されます。創立メンバーは海外で活動していた李承晩、呂運亨《ヨウニョン》、金九《キムグ》などです。これに弾圧を避けて国外へ脱出した朝鮮人運動家も合流しました。その後、三・一運動は日本軍の弾圧によって徐々に下火になり、約1年間で収束します。ただ、朝鮮人の熱狂を受けて、総督

府も統治方法の見直しを迫られることになります。現在の韓国では、三・一運動の起こった3月1日を「三一節《サミルジョル》」といい、国民の祝日としています。

強権的な政策を転換

三・一運動がまだ収束していない1919年8月、総督府によって官制改革が行われます。これにより、それまでは総督には現役の軍人(大将)が任命されていましたが、文官でも就任できるようになりました。ただし、このあとも軍出身の総督が続きます。この改革にあわせて、憲兵警察制度が廃止され、普通警察に統合されましたが、警察官の数はむしろ増えました。

官制改革と同時に、大正天皇の言葉も伝えられます。天皇は、日本の民も朝鮮人も同じく天皇の臣民としてあつかうようにと「一視同仁《いっしどうじん》」を求めたのです。新しく総督となった元海軍大臣の斎藤実《さいとうまこと》は、一視同仁を実現するにあたって、朝鮮人を日本人と同等の文化水準に引き上げるという目標を定めます。そして、日本人と朝鮮人の対立をなくすための政策を推進していくようになるのです。これを「文化政治」といいます。

まず総督府は朝鮮人に譲歩し、言論、出版、集会、結社への取り締まりを緩和しました。1919年には朝鮮初の映画『義理的仇闘《ウイリジョククトウ》』が公開され、1920年には、現在、韓国の三大紙に数えられる『東亜日報』と『朝鮮日報《チョソンイルボ》』が創刊されました。1926年公開の映画『アリラン』は、権力への反抗精神を描いて大ヒットします。ちなみにアリランとは、朝鮮を代表する民謡《みんよう》です。1927年には、京城放送局によるラジオ放送も開始されました。

また、1922年に制定された第二次朝鮮教育令により、国語（日本語）を常用する者と、しない者に対する初等・中等教育課程がそれぞれ整備されたほか、大学の設置も進められます。これにより、1926年には京城帝国大学が開校しています。なお、1920年に会社令が廃止され、朝鮮企業の進出も可能となりました。

以上のように、武断政治期にくらべれば、規制も取り締まりも緩和されたといえなくもありません。とはいえ、文化政治は、朝鮮人に日本側の文化的な営みを享受《きょうじゅ》させ、独立心を削いで宥和《ゆうわ》を進めるというねらいがありました。実際、親日派に転向する朝鮮人もいましたが、そうでない朝鮮人は弾圧を受けます。新聞や雑誌は検閲《けんえつ》を受け、団体の集会には警官が目を光らせました。もっぱら朝鮮人児童が通っていた普通学校でも日本語教育が行われています。会社令は撤廃されたものの、資本力に勝る日本企業は進出を加速させていきました。

資本主義と労働運動

文化政治の間、朝鮮は新たな米調達の場として農地改革が盛んに行われます。その結果、朝鮮半島における米の生産量はある程度向上しました。しかし、朝鮮半島で生産される米の40％以上が日本に移出されたため、農民は自分たちの食べる米も満足に確保できず、食料不足に陥ります。そこで総督府は満洲から粟《あわ》を輸入しましたが、干害も重なって困窮する農民が続出します。地主層が富を増やす反面、農民の大多数を占めていた自作農や小作農は没落して都市部に流入し、一部は満洲や日本になだれ込みました。職を求めて日本を訪れた朝鮮人は、低賃金の工場労働などに従事して定住するようになり、いわゆる在日朝鮮人となっていきます。

農業だけでなく、工業も日本の利害に沿った形で発展していきます。日本の財閥が次々に朝鮮へ進出し、日本資本の大規模工場では、困窮する農民を低賃金で雇《やと》い入れたのです。軽工業では朝鮮企業もある程度は発展しました。たとえば、金性洙《キムソンス》の設立した京城紡織《けいじょうぼうしょく》は朝鮮有数の紡績会社として発展し、京紡《キョンバン》として現在も存続しています。ほかにも、平壌や京城、釜山のゴム靴《ぐつ》工業、平壌のメリヤス（編み物）工業は、朝鮮人資本家によるものです。

工業化によって資本主義が浸透していくとともに、労働運動も活発化しました。1921年には、釜山埠頭《ふとう》の港湾労働者らによる大規模ストライキが発生しています。各地で労働組合が結成され、全国的に組織化されていきます。その中心的な役割を担ったのは、民族主義運動家と、資本主義と対立する共産主義者でした。

朝鮮人の社会主義運動の起源は、ロシア革命後のシベリ

そのころ、日本では？

朝鮮で農地改革が進められた背景には、じつは日本の米騒動が関係しています。1918年に富山県魚津《うおづ》町（現在の魚津市）で発生した米騒動は、全国的な暴動へと拡大していきました。米の値上げがきっかけになったこのできごとを踏まえ、朝鮮での米の増産が計画されたのです。

ア在住朝鮮人の活動に求められます。1918年に李東輝《イドンフィ》らがハバロフスクで結成した韓人社会党（上海派）と、翌年に金哲勳《キムチョルフン》らが結成した全露高麗共産党（イルクーツク派）が、相互に路線対立しながら朝鮮内に影響力をおよぼし、その結果、1920年代初め、朝鮮に上海派系のソウル青年会、イルクーツク派系の火曜会、日本留学経験者中心の北風会などの団体が生まれました。

その後、1925年に朝鮮共産党が誕生し、翌年には、ソビエト連邦（以降、ソ連）が主導する国際的な共産主義運動指導機関であるコミンテルンの承認を得ました。一方、同年には日本で治安維持法が制定されます。この法律は共産主義者の摘発も目的としており、朝鮮でも適用されます。朝鮮共産党は摘発を受けて再結成をくり返したものの、1928年にはコミンテルンの承認も取り消されました。しかし、活動家たちは以後も再建活動を続けていくことになります。

日本へやってきた朝鮮の人々

1920年から10年の間に、日本に定住する朝鮮人は10倍に増え、30万人近くに達します。当時の日本では鉄道や道路の整備、水力発電所の建設といった大規模なインフラの工事が各地で進められ、労働力として朝鮮人が大量採用されたからです。けれども、朝鮮人が従事するのは、低賃金の重労働ばかりで、行動にも制限がかけられます。一例をあげると、朝鮮に一時帰国する際にも「一時帰鮮証明書」が必要でした。

1923年に関東大震災が発生すると、朝鮮人への差別感情から根も葉もないデマが流されます。市民や自警団による朝鮮人狩りによって、一説には数千人以上の朝鮮人が殺害されたといいます。

日本の勢力下にあった満洲にも朝鮮人は渡っており、1930年には60万人にも達しています。彼らの多くは、土地を所有する朝鮮人地主や中国人地主の小作農として農業に従事しており、生活は楽ではありませんでした。

また満洲には、総督府の迫害から逃れた独立運動家らによる武装集団の拠点が存在していました。彼らを独立軍と総称します。そこで日本は、朝鮮人の取り締まりを強化します。こうして満洲を追われた独立軍の一部は、1922年に成立していたソ連へ逃れ、共産主義に転向することで存続します。1929年には中国北部の独立運動派が統合され、国民府が結成されます。

上海の大韓民国臨時政府は、諸外国の支援によって独立を目指す李承晩と、武力による独立を目指す李東輝とが対立し、弱体化していきました。

満洲国誕生で朝鮮が重要視

1929年、アメリカのニューヨーク株式市場を震源として、いわゆる世界恐慌が始まります。この世界的な経済恐慌の波に、日本や朝鮮も巻き込まれます。朝鮮の米の生産量は伸びていましたが、農作物の価格が暴落したことで、移出量が増加しても利益の取り分は減ったことから小作農の間で不満がうずまきます。

同年11月3日には、全羅南道の光州《クアンジュ》で、日本人中学生が朝鮮人女学生を侮辱したことをきっかけに日朝の学生が衝突し、警察が朝鮮人のみを逮捕するという事件が起こります。これに対し、学生を中心とする抗議活動が翌年まで行われました。

1931年7月、中国吉林省において、朝鮮人農民と中国人農民の水利争いから両者が衝突する万宝山《まんぽうざん》事件が起こります。この事件によって、朝鮮では中国人の排斥運動が過熱し、在朝鮮中国人を襲撃するまでに発展します。事件の２カ月後、満洲の利権独占をねらった日本軍が柳条湖《りゅうじょうこ》事件を引き起こし、これをきっかけに日本軍が満洲を実効支配します。いわゆる満洲事変です。日本と中国が反目し合うようになると、満洲在住の朝鮮人の多くは、万宝山事件に起因する反中感情により親日に転じました。そして、満洲を支配下に置いた日本は、中国攻略の前線基地、生産拠点、日本と満洲の中継地として朝鮮をこれまで以上に重視するようになります。

満洲国建国後の朝鮮

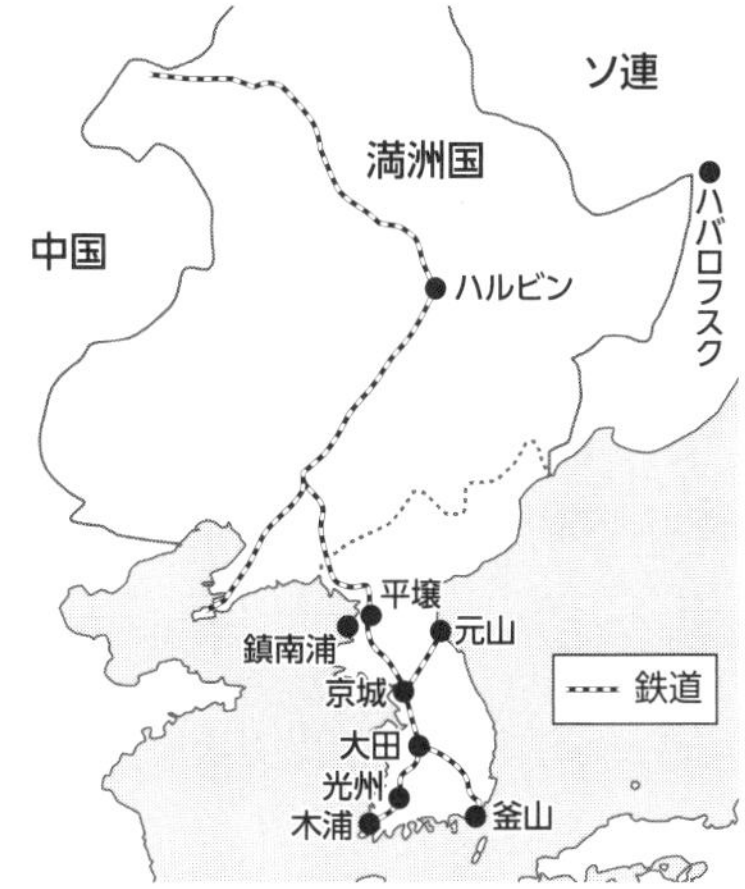

１９３１年に総督に着任した元陸軍大臣の宇垣一成《うがきかずしげ》は、農村振興運動を推進して零細な農民の救済をはかりました。また、この時期に頻繁に起こっていた小作争議への対応策として、１９３４年には朝鮮農地令を出し、小作は３年以上の継続を基本として１年で小作民を不当解雇する地主を取り締まりました。

工業化も進め、化学・エネルギー分野の新興財閥系の日本企業による水力発電所や化学工場が、半島北部に次々と建設されました。こうして生み出された電力により、化学肥料、油脂《ゆし》、火薬、軽金属工場を展開していきます。その結果、労働需要が高まり、南部から北部へと大量の人員の移動がなされました。さらに、鉄鋼業が必要となったため、日本の財閥系の鉱業会社が朝鮮へ進出しました。

皇民化政策の推進

1936年、陸軍出身の南次郎《みなみじろう》が新たに総督に就任し、朝鮮人の皇民化を推進します。皇民化とは、朝鮮に日本の言語や習慣を浸透させようとする行為で、典型的な植民地政策といえます。皇民化政策の柱が、日本の国家の根本は天皇であることを明確にする「国体明徴《こくたいめいちょう》」、朝鮮と満洲を一体のものとみなす「鮮満一如《せんまんいちにょ》」、日本化教育を施す「教学《きょうがく》振作《しんさく》」、農業と工業を同時に発展させる「農工併進《のうこうへいしん》」、汚職を追放する「庶政刷新《しょせいさっしん》」の五《ご》大政綱《だいせいこう》です。きたるべき西洋列強との戦争に備え、朝鮮人の民族意識を変えて日本人化し、中国に進出する際に動員しようというねらいがありました。

1937年に起こった盧溝橋《ろこうきょう》事件をきっかけに日中戦争が始まると、朝鮮人兵士や後方支援の必要性はさらに高まりました。そのため、朝鮮人には皇国臣民としての行動が求められ、日本語教育が強化され、朝鮮語は必修ではなくなります。親日派の李覚鐘《イガクチヨン》が考案した「皇国臣民《こうこくしんみん》の誓詞《せいし》」を学校や会社で斉唱することが義務づけられました。また、天照大神《あまてらすおおみかみ》と明治天皇を祀った朝鮮神宮をはじめ、朝鮮在住の日本人向けだった各地の神社への参拝も強要されました。

1939年には、朝鮮人の「創氏《そうし》改名《かいめい》」に関する制令が出されました。これは、朝鮮人に対し、従来の朝鮮の姓に代えて、新たに日本の氏を設定すること（創氏）を義務づけ、同時に名も日本風に改めること（改名）を勧めるものです。朝鮮の姓は父系の血統を示すものです。したがって結婚しても、血統を異にする妻が夫の姓を名乗ることはあり得ません。これに対して日本の氏は、家（イエ）ないし家族の標識であり、当時の日本の民法では、夫の家に嫁いだ妻は夫の氏を名乗ることになっていたのです。要するに、この政策の本質は、日本のイエ制度を朝鮮に導入しようとするところにあります。

翌年の2月から8月までの申告期間中、朝鮮人の8割が日本風の氏と名を官に届け出ました。期間内に申告しなかった場合には、金や李などの従来の姓が、そのまま氏とされました。見かけは同じでも、その内実が大きく異なっていることはいうまでもありません。戸籍には、新設の氏だけでなく、従来の姓も併記されましたが、父系の血統を重視する朝鮮人が受けた精神的苦痛は小さくありませんでした。もっとも、日本の敗戦により朝鮮は解放されるため、実施後5年ほどでこの政策は撤廃され、朝鮮人はもとの姓名を取りもどします。

皇民化政策が進められた結果、朝鮮人も戦争に動員されるようになります。朝鮮王朝末期から、日本陸軍の幼年学校や士官学校に入学する朝鮮人はいました。日中戦争中にも、志願兵が募集され、朝鮮人兵士が戦地へ動員されています。

しかし、1941年に太平洋戦争が始まると、日本国内だけでは兵士が不足し、朝鮮でも徴兵制が適用されることになります。1944年には朝鮮初となる徴兵検査が実施されました。ただ、軍に参加したのは敗戦が濃厚となった1945年からであり、訓練中に終戦を迎え、徴兵された朝鮮人兵士が前線に動員されることはありませんでした。

また、深刻な労働力不足を朝鮮人で穴埋めしようと、労働力の動員が実施されます。

当初は募集という形をとっていたものの、１９３９年に制定された国民徴用令が、１９４４年から朝鮮人にも適用され、日本に連行されます。これが、現代でも尾を引いている徴用工問題の発端です。１９４１年からは学徒動員も行われ、３年後の8月には女子《じょし》挺身勤労令《ていしんきんろうれい》が出されます。12歳から40歳までの女性が、軍需工場などでの労働に従事させられました。

さらに、未成年者を含む女性が、軍の慰安婦《いあんふ》として戦地に派遣されます。慰安婦は、軍の管理下で将兵への性的な奉仕に従事しました。慰安婦も募集という形をとっていましたが、詐欺《さぎ》や人身売買、誘拐《ゆうかい》といった手段で調達された女性もいました。このことが原因で、従軍慰安婦問題も現在の日韓関係に大きなしこりとして残っています。

日本からの解放

朝鮮人にまで強制動員をかけるほど追い込まれた日本は、１９４５年8月15日、連合国が提示したポツダム宣言を受諾して、無条件降伏します。日本において8月15日は終戦記念日ですが、韓国においては植民地支配から解放されたとして「光復節《クアンボクチョル》」と呼ばれ、国民の祝日になっています。光復とは「光がもどる」、すなわち「失った主権を取りもどした」ことを意味します。8月16日には、北緯38度線を境界として朝鮮半島が分割統治されることが決められました。この分割統治の背景には、アメリカとソ連の対立が深くかかわっています。同年8月8日、対日宣戦布告して南下を始めたソ連軍によって朝鮮半島全域が支配されることをおそれたアメリカが、ソ連に朝鮮半島を分割統治することを提案していたのです。それでは、なぜ北緯38度線なのかといえば、この線を境にして朝鮮半島を南北に2等分できるからです。

朝鮮半島の統治権を失った総督府は、ソ連による朝鮮半島の社会主義化をおそれ、大韓民国臨時政府の創設メンバーの1人である呂運亨に治安維持の権限をゆずります。そして、公文書を焼却して重要機密を処分するなど、連合国軍の進駐《しんちゅう》に備えました。

9月2日に日本で降伏文書への調印が行われると、総督府の解体が決定します。総督府には、新たな統治者となったアメリカの国旗が掲《かか》げられました。日本の敗戦にともない、朝鮮人による日本人への襲撃が各地で発生しています。アメリカ軍司令部によって日本人の引《ひ》き揚《あ》げが進められ、工場から農地まで朝鮮半島における日本人の財産はすべて没収されました。

治安権限を委譲された呂運亨は朝鮮建国準備委員会を立ち上げ、9月6日に「朝鮮人民共和国」の樹立を宣言します。主席はそのころアメリカで活動していた李承晩、副主席は呂運亨、内務部長は金九とされ、旧大韓民国臨時政府の主要メンバーが中核となりました。ただし、この朝鮮人民共和国は、アメリカやソ連に認められませんでした。国際社会は、朝鮮人に自治権を与えるのはまだ早いと判断したわけです。

1945年12月にモスクワで行われたアメリカ、ソ連、イギリスの外相会談により、朝鮮半島の北側をソ連と中国、南側をアメリカとイギリスが5年間信託統治することとし、5年の間に、南北の統一や独立に関してアメリカとソ連が話し合うことに決まりました。朝鮮人の意向を無視したこの決定に独立運動家は激怒し、反対運動が展開されます。しかし、朝鮮国内も意見がバラバラだったため、反対運動はまとまりに欠けました。

「大韓民国」の成立

日本統治時代の開発政策によって、朝鮮半島の北部は重工業、南部は農業と中小工業が盛んでした。これを「南農北工《ナムノンブッコン》」といい、南北の経済バランスは大きく偏《かたよ》っていました。そのため、北緯38度線で分断された当初の経済基盤は圧倒的に北側が優勢でした。南側はインフレと食糧不足が深刻化し、アメリカの支援に頼らざるをえませんでした。経済が混乱するなかで、デモやストライキも多発します。

そうしたなか、アメリカとソ連の対立が深まり、朝鮮半島が冷戦構造の最前線として駆け引きの場とされ、統一と独立に向けた交渉は難航します。ソ連との交渉が一向に進まないため、交渉を断念したアメリカは、南側が求める独立の声に応じて、南側のみの単独選挙による政権樹立を国連に提案します。ソ連はこの提案に反発しますが、国際連合（国連）の決議によって、１９４８年5月10日に国連臨時朝鮮委員会（ＵＮＴＣＯＫ）の監視下で選挙が行われることが決定します。

選挙は、南側のみでの独立を目指す李承晩派と、南北が統一されたうえで政権樹立を目指す金九派との一騎打ちとなりました。両者の対立は激化し、暗殺やテロ、暴動なども起こりました。加えて、選挙に反対する北側も選挙を妨害します。

予定どおり、5月10日に朝鮮初となる国会議員選挙が実施された結果、１９８名の国会議員が選出され、李承晩は憲法を策定するための制憲国会議長に就任しました。その後、第一共和国憲法が公布され、国会議員による間接選挙で選出された大統領を国家元首とすることが定められます。そし7月17日の大統領選の結果、李承晩が初代大統領に選ばれました。李承晩の政敵であった金九は、大統領選挙後、李承晩を熱狂的に支持する極右派の青年によって暗殺されています。

1948年8月15日、大統領となった李承晩は「大韓民国（韓国）」の樹立を宣言します。この国号は李承晩が結成した大韓民国臨時政府に由来しますが、そもそもは大韓帝国の国号であった「大韓」と、民主国家を意味する「民国」とをあわせたものです。さらにさかのぼれば、朝鮮半島南部に勢力を持った三韓にも

ちなんでいます。

韓国内の行政区画は、日本統治時代の枠組みを踏襲した八道（15ページの地図を参照）と、1946年に全羅南道から分離した済州道（のち済州特別自治道）の計九道に分けられます。京城は「ソウル」と改称され、首都に定められました。ソウルというのは朝鮮の固有語で「都《みやこ》」を意味します。なお、現在では中国語のための漢字表記として「首爾／首尔」という漢字が用いられています。

また、新政府の庁舎にはかつての総督府の建物を、大統領官邸には総督官邸を利用しました。大統領官邸の建物は、屋根が青かったことから、1960年以降、「青瓦台《チョンワデ》（せいがだい）」と呼ばれるようになります。

2つに分断された半島

大韓民国の樹立が宣言された翌年1月、アメリカ政府は韓国を承認し、晴れて韓国は独立国となります。ただし、韓国には問題が山積みでした。国内経済は破綻してインフレに傾き、民衆は飢えていました。

一方、韓国が国家の樹立を宣言すると、北側を統治していたソ連は大きく反発します。とはいえ、ソ連も朝鮮半島の共産化を目指し、傀儡政権の樹立をはかっていました。そこで目をつけたのが、金日成《キムイルソン》が率いる朝鮮共産党です。金日成は平壌で生まれ、満洲で幼少期を過ごしました。1932年ごろに中国共産党に入って日本への抵抗運動を続けたのち、ソ連の沿海州に逃れていました。

1946年、ソ連は朝鮮の共産主義組織を北朝鮮労働党に統合すると、1948年8月25日に最高人民会議を設置して憲法を定めます。そして、9月9日に金日成を首相とする「朝鮮民主主義人民共和国（北朝鮮）」が建国されます。この国号は、朝鮮王朝および古朝鮮に由来します。

日本による統治が始まってから米ソの分断統治を経て、朝鮮半島に約50年ぶりに自民族による国家が成立しました。しかしそれは、朝鮮半島で暮らす人々が南北に分断されることを意味していました。さらには、独立したとはいえ、北朝鮮がソ連、韓国がアメリカの影響下に置かれた状況に変わりありませんでした。

知れば知るほどおもしろい朝鮮半島の偉人❼

朝鮮半島出身で初の金メダリスト

孫基禎

ソンギジョン

（1912～2002）

韓国陸上界の発展とスポーツ振興に尽力する

日本統治下に生まれ、家が貧しく進学できなかったものの、足の速さを見込まれて高校にスカウトされます。その後、マラソン選手となり、1935年に東京で開かれた大会で当時の世界記録を樹立すると、日本代表に選ばれ、翌年開催のベルリンオリンピックで優勝します。マラソンでのアジア人の金メダル獲得は、これが初めてでした。

この金メダル獲得を報じる際、『東亜日報』がユニフォームの胸の日の丸を塗りつぶしたうえで記事にしたことで、無期限の発行停止処分を受けています。

戦後は韓国の陸上指導者として後進の指導にあたり、オリンピック選手団の総監督を務め、大韓陸上競技連盟会長にもなりました。

なお韓国としては、1976年のモントリオール大会で、レスリング男子の梁正模《ヤンジョンモ》が、韓国初となる金メダルを獲得しています。

chapter 8

大韓民国の歩み

東西冷戦の最前線

朝鮮半島が南北に分断されると、両国は〝自分たちの国家こそが正当な国家である〟とたがいに主張します。韓国の李承晩は「北進統一」、北朝鮮の金日成は「国土完整」を掲げ、武力による朝鮮半島の統一を公言していました。

1950年、第2回国会議員選挙が行われ、李承晩が率いる与党・大韓国民党が大敗すると、多数派となった野党が大統領の権限を縮小する法案を提出します。強い権力を維持したい李承晩は、国民による大統領の直接選挙への道を探りながら、反対派を鎮圧するとともに共産主義者を弾圧するなど、独裁色を強めます。

アメリカは韓国が求めた軍事援助を見送るなど、独裁を支持していたわけではありませんが、熱烈な反共産主義者という点では李承晩を評価していました。当時、米ソの対立は冷戦と呼ばれ、アメリカ側に属する韓国と、ソ連側に属する北朝鮮が接する北緯38度線は、さながら冷戦の最前線ともいえました。朝鮮半島がどちらかの陣営に統一されることは、どちらかの陣営の負けを意味しました。

こうした韓国とアメリカの関係を尻目《しりめ》に、北朝鮮は、中華民国政府との内戦に勝利して1949年に成立した中華人民共和国（以降、中国）と、ソ連の2カ国と国交を結びます。ソ連の最高指導者のスターリンは当初、北朝鮮による韓国への武力侵攻を許していませんでした。しかし、ソ連からの兵器の支援を受け、北朝鮮は軍備を充実させていきます。この軍備拡張の裏には、ソ連がアメリカとの直接対決を避けながらも、北朝鮮単独の侵攻であれば構わないというスターリンの考えがあったと思われます。

そして1949年、ソ連が原子爆弾（原爆）の製造を成功させたことで、アメリカに対抗できる自信をつけたスターリンは、北朝鮮に韓国への侵攻を許可したのです。

1950年6月25日早朝、宣戦布告なく、北朝鮮軍が南下を開始し、「朝鮮戦争」が始まります。韓国には戦車をはじめとしてまとまった軍事力がなく、兵士の練度も不十分でした。一方、北朝鮮軍は装備が充実していたうえ、第二次世界大戦ではソ連軍兵士、中国での内戦では共産党員として参加していた朝鮮人兵士も参戦しており、たちまちソウルに迫ります。

アメリカ大統領のトルーマンは北朝鮮の侵攻を知ると、ただちに国連安全保障理事会

（安保理）の招集を求めます。ソ連がボイコット中で欠席するなか、27日の安保理において、北朝鮮軍への非難と、38度線以北への撤退を求める決議が行われました。

そのころ、李承晩はソウルを脱出し、軍や警察もソウルを放棄します。このとき、共産主義者の矯正《きょうせい》組織である国民補導連盟に収容されていた共産主義者を処刑しています。その後も韓国国内で共産主義者狩りが横行し、共産主義者とみなされた人々は裁判にかけられることなく、殺害されていきました。

さらに韓国軍は南への撤退時、ソウルの南の漢江にかかる橋を避難民ごと爆破しました。この漢江橋爆破事件をきっかけに、前線で戦っていた韓国軍は総くずれとなり、兵士の士気はみるみる低下しました。漢江以北の住民も取り残され、北朝鮮軍の占領を受け、兵士として徴用される人々もいました。

その後も北朝鮮軍の優位は変わらず、韓国政府は遷都をくり返しながら南下を続け、8月18日には釜山まで追いつめられます。そうしたなか、連合国軍総司令官として日本に駐留していたマッカーサーが、アメリカ軍を中心とした国連軍（多国籍軍）の司令官に任命され、1950年9月15日、国連軍は仁川上陸作戦を実行します。

朝鮮半島における冷戦の対立構造

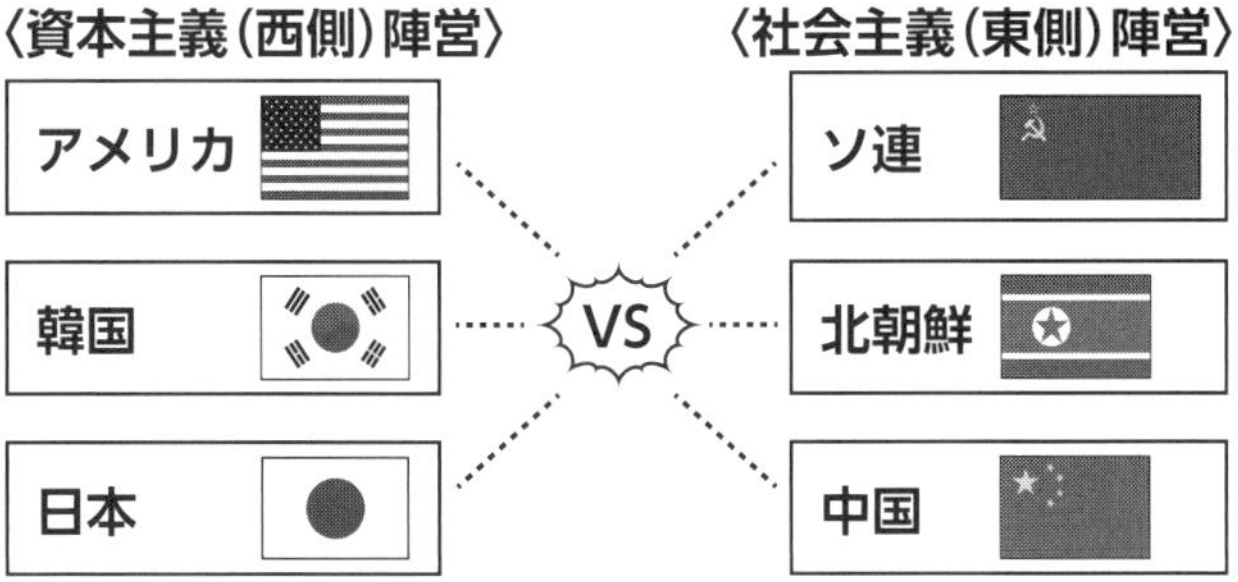

朝鮮戦争の南北勢力圏の推移

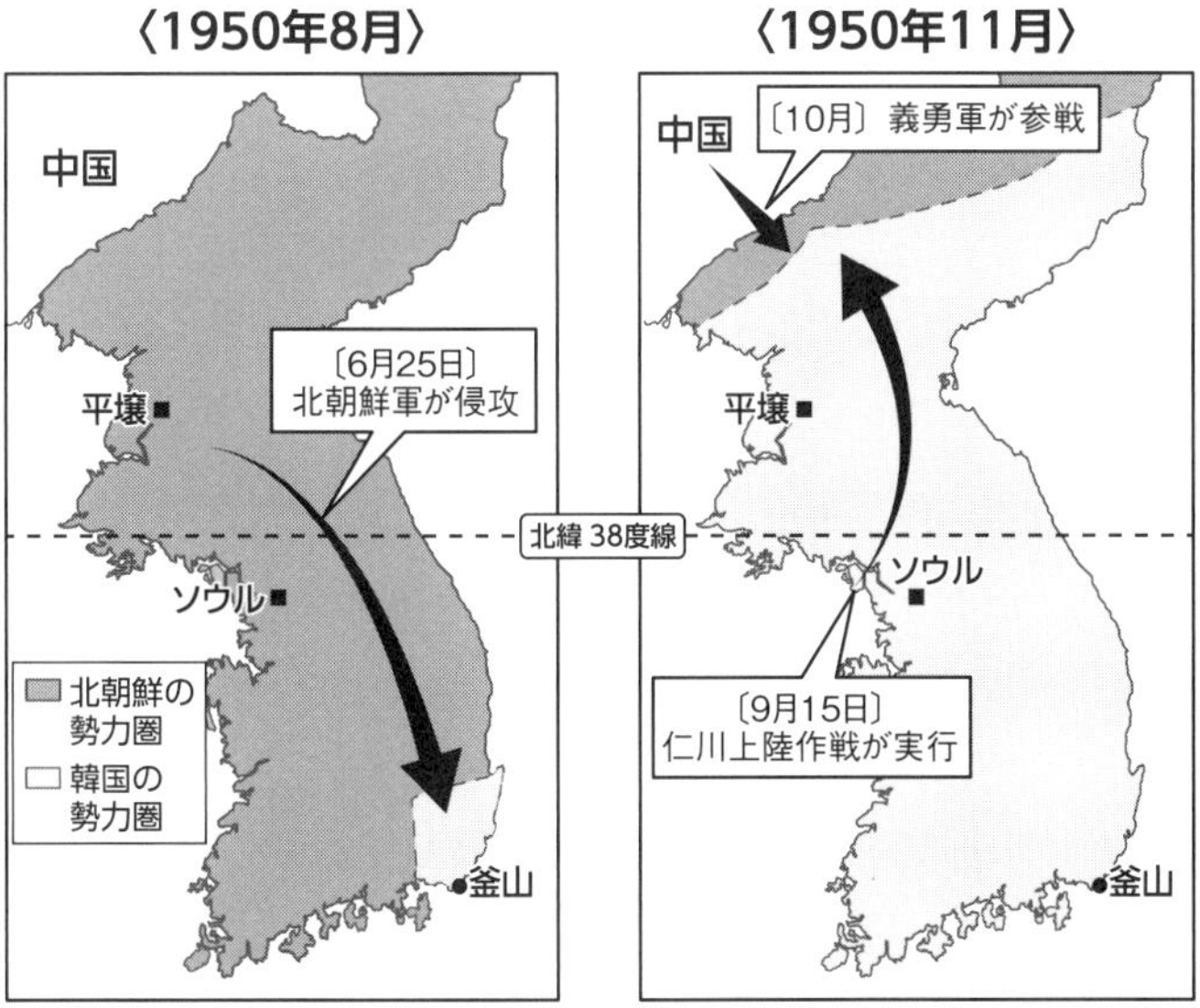

この上陸作戦が成功すると、北朝鮮と韓国の形勢は逆転します。国連軍は9月28日にソウルを奪還し、38度線を越えて北朝鮮領へ侵攻しました。李承晩は北進を強く主張しており、アメリカ軍もこれを了承し、10月には国連も南北統一政府の樹立を決議します。国連軍に首都である平壌を占領され、さらに北朝鮮軍は中国との国境にあたる鴨緑江まで追いつめられます。金日成は中国の吉林省に逃れ、ソ連に助けを求めますが、スターリンは矢面に立つことをしぶり、中国に援助を要請しました。その中国では、指導者である毛沢東《もうたくとう》が派兵に乗り気でありませんでした。それでも、ソ連の圧力と北朝鮮の懇《こん》願《がん》により出兵を決めます。ただし、正規軍である人民解放軍ではなく、人民志願軍（義勇軍）を派遣します。志願兵としたのは、アメリカとの直接的な対立を避けるため、中国政府として戦争に介入したわけではない、という言い逃れのためです。

義勇軍の参戦によって北朝鮮軍は巻き返します。12月には平壌を奪還し、1951年に入ると、再びソウルが陥落しました。このころ国連軍はソウルを奪還したものの、北朝鮮と義勇軍に対して原爆の使用を求めたマッカーサーを解任しています。代わって新司令官に就任したリッジウェイは、劣勢だった国連軍を立て直します。

北緯38度線で休戦協定

ソウルを奪還後、国連軍は再度北上を目指すも義勇軍らにはばまれ、38度線を境に両軍がにらみ合います。そこで1951年6月23日より、休戦交渉が始まります。南北統一を目指していた金日成でしたが、戦線が膠着したことで休戦を考えるようになっていました。しかし、スターリンや毛沢東は休戦に消極的でした。とくにスターリンは、この戦争で中国に近代戦を学ばせ、世界に共産主義を広めるための戦力になることを考えていたのです。そのため、金日成自身がスターリンを説得し、休戦の合意を得ました。

対して韓国では、李承晩が休戦に強く反対しました。議会も戦闘継続を支持します。そこでアメリカは、在韓米軍の駐留をはじめとした今後の防衛協定を約束して、韓国側の説得にあたりました。それでも韓国が北進を主張すると、韓国を無視し、ソ連を介して中国、北朝鮮との交渉が進められました。

交渉は難航したものの、1953年にスターリンが死去したことで進展し、7月27日、ようやくアメリカと中国、北朝鮮が休戦協定に調印します。なお、韓国は休戦に納得がいかず調印していません。そして軍事境界線が定められ、両国の境界とされます（13ページの図を参照）。その軍事境界線の南北2キロメートルが非武装地帯（DMZ）とされ、休戦協定が締結された板門店《パンムンジョム》周辺は、韓国、北朝鮮両軍による共同警備区域（JSA）が置かれます。共同警備区域には、両軍のほか、スイスなど中立国による監視委員会が設置されました。

ただし、戦争を終結させる平和条約の締結には至らず、休戦ということでの決着でした。そのため、戦後70年が経っても、朝鮮戦争は〝継続中〟という解釈になります。平和条約の締結の話がたびたび持ち上がりますが実現せず、北朝鮮から休戦協定の破棄が通達されるたび、南北の境界では緊張が走ります。また、休戦協定が韓国の頭越《あたまご》しに行われたため、北朝鮮は、アメリカを交渉相手とみなすようになっているのです。

この朝鮮戦争は、韓国では「六・二五動乱《ユギオドンナン》」、北朝鮮では「祖国解放戦争《チヨグクヘバンジョンジエン》」と呼ばれています。双方の被害は甚大で、国連・韓国軍側の戦死者は韓国軍約42万人、米軍約5万人、国連軍約3000人、韓国民間人は106万余人といわれ、朝鮮・中国側の戦闘要員の死傷者だけで200万人以上とも推定されています。韓国側による共産主義者への弾圧も含んだ犠牲者の正確な数字はわかっていません。

人的被害だけでなく、戦争によって農地は荒れ、工場は破壊され、農業や工業に与えた影響は甚大であり、とくに韓国では深刻な食糧不足に陥りました。

戦争により南北分断は決定的となり、同じ民族同士に不信と憎悪《ぞうお》を生みました。戦争中に北朝鮮に連れ去られた、または出征中に境界が定められ、家族が南北に分断された例も少なくありません。このように、家族同士が離ればなれになった状態を離散家族《イサンガジョク》といいます。朝鮮戦争で分断された離散家族は1000万人にのぼるともいわれています。

初代大統領による独裁政治

朝鮮戦争終結後、北朝鮮では朝鮮労働党の一党支配が確立され、政敵を粛清した金日成による独裁体制が築かれま

そのころ、日本では？

朝鮮戦争当時の日本はアメリカの占領下にあり、朝鮮戦争におけるアメリカ軍の後方基地として補給を担当します。多くの物資が必要となり、戦争特需と呼ばれる経済の活性化が起こりました。さらに、共産主義者への弾圧や、警察予備隊（自衛隊の前身）の設立が行われています。

す。韓国でも李承晩による独裁体制が強化されます。戦争によって南北に独裁国家が生まれることになったのです。また、北朝鮮とはあくまで休戦状態のため、韓国では成人男性に約2年の兵役義務を課す徴兵制度が導入されます。

戦争前の国会議員選挙で与党が大敗した李承晩は、大統領の選出方法を国民による直接選挙とし、大統領が任命する議員で構成された上院と、選挙によって選ばれた議員による下院とによる二院制とする改正案を提出します。この改正案は反発されましたが、李承晩は各地に戒厳令を敷き、1952年7月、強引に憲法を改正しました。

同年1月には海洋主権宣言を発し、「李承晩ライン」と呼ばれる領海水域を設定し、韓国の領海内と主張する海域に入った日本漁船を次々と拿捕《だほ》します。この李承晩ラインを基準に、竹島も韓国領に入ると主張しました。じつは、領海の主張には別の思惑がありました。李承晩は国内経済を立て直すために、日本からの賠償金をあてにしていましたが、国交の回復には多数の反対意見がありました。そこで、日本人を捕らえて外交の駆け引きの道具にしようとしたのです。

8月の直接選挙で李承晩は大統領に再任されますが、その実態は官憲が介入した不正選挙でした。終身大統領制を望む李承晩は、1952年には国会に大統領の再選制限を撤廃する憲法改正案を提出します。改憲には議席の3分の2にあたる136票が必要でしたが、結果は賛成が135票で1票足りませんでした。すると、李承晩は「正確には135・33で、四捨五入すれば136票」という強引な理論で改憲を可決させます。

そして1956年の大統領選挙では、投票箱を入れ替え、死亡者や不在者の氏名を利用したり、事前に投票用紙を入手して投票させたりするなど、あらゆる手段をとりました。以後、不正選挙は李承晩政権の常套《じょうとう》手段となります。

民衆が押し寄せて失脚

李承晩による独裁政権の政治体制は、第一共和国と呼ばれます。この時期の韓国は、通貨の乱発でインフレが進み、最貧国にまで落ち込んでいました。そこで李承晩政権は、アメリカからの支援物資を民間に売りさばき、その加工を国の主産業に位置づけます。とくに製粉業、製糖業、紡織業は三白工業《サムペクコンオプ》と呼ばれ、加工を手がけた企業は政府との癒《ゆ》着《ちゃく》により財閥化していきました。

また1950年から実施された農地改革により、戦争中に国が買い上げた農地が小作農に売却されました。農地の所有は最大3町歩（約3ヘクタール）とされ、小作や賃貸も禁止されます。これは地主を淘汰《とうた》し、自作農を増やす試みでした。ところが、アメリカから援助物資として余剰農作物が送られてくると、韓国の農作物の価格が暴落します。困窮した自作農は土地を手放して都市部に流れ、工場労働の担い手となっていきました。

経済対策がうまくいかないなか3選を果たした李承晩ですが、同時に行われた副大統領選では反李承晩勢力として結党された民主党の張勉《チャンミョン》が副大統領となります。危機感を抱いた李承晩は、1960年3月15日に実施された大統領選挙でも不正を行い、4選を確定させます。ところが、不正に憤った民衆による抗議デモが発生したため、警察を動員して取り締まりました。そうしたなか、デモに参加した高校生の遺体が発見されます。

この事件をきっかけに李承晩を批判する声は全国に拡大し、4月には数万人にふくれ上がったデモ隊が大統領官邸を取り囲みました。大学生、高校生、市民の代表14人が、李承晩に面会して辞任を求めます。これを受けて李承晩は、4月26日に大統領職の辞意を表明しました。一連の解任劇は「四月革命《サウオルヒョンミョン》」と呼ばれます。李承晩は家族とともに国外へ亡命し、1965年に亡命先のハワイで死去しています。

軍事クーデターが発生

四月革命ののち、外相だった許政《ホジョン》が暫定政権を発足します。議院内閣制と公選による二院制を主とする改憲が行われ、韓国の政治体制は第二共和国に移行しました。その後の総選挙では野党だった民主党が大勝し、尹潽善《ユンボソン》が大統領、張勉が国務総理となります。尹潽善は、李承晩と大韓民国臨時政府の発足に関わったあと、袂《たもと》を分かって民主党を結成した人物です。第二共和国では、大統領の権限が削られ、内閣を主導する国務総理が首相として実権を握ります。

政権を握った民主党でしたが、公約として掲げた南北統一は進まず、李承晩政権での不正解明も中途半端でした。さらには党内で勢力争いが始まり、失望した市民や学生を中心にデモが頻発します。こうした民衆の動きに危機感を募らせた軍部は、1961年5月16日にクーデターを決行し、軍事革命委員会を発足させます。議会を占拠されたことで、尹潽善と張勉は軍事革命委員会の支持を表明し、議会は解散しました。

軍事革命委員会は少将の朴正熙《パクチョンヒ》を最高指導者とします。朴正熙は満洲の陸軍軍官学校を卒業後に士官学校を経て日本の軍人となりますが、終戦後は韓国軍に加わり、朝鮮戦争で出世した人物です。

朴正熙を担いだのが、中佐の金鍾泌《キムジョンピル》をはじめとした陸軍士官学校8期生たちでした。クーデター派は国家再建最高会議を設立し、議長となった朴正熙が、金鍾泌を韓国中央情報部（ＫＣＩＡ）長官に任命して権力基盤を固めます。国家再建最高会議は１９６２年の国民投票での78％の賛成票を根拠に、大統領の権限を強化した憲法改正を行います。そして翌年の大統領選は、新たに発足された民主共和党の代表となった朴正熙が当選します。その後の国会議員選挙も民主共和党が圧勝し、第三共和国が始まります。

就任前から朴正熙は第一次五カ年計画を発表し、アメリカの援助に頼るばかりではなく、経済の自立を目指します。まず、李承晩政権まで流通していた「圜《ファン》」に変えて、基本通貨を「ウォン」と定めます。ウォンは日本の統治時代に使われていた「圓（円）」の朝鮮語読みです。しかし、貨幣を発行した際にインフレが起こったため、10ファンを１ウォンとするデノミ（通貨単位の切り下げ）を実施し、インフレを抑制しようとしましたが、あまり効果はありませんでした。

そこで朴正熙は、日本から援助を引き出そうと、日本との国交回復を模索します。根強い反日感情から各地で反対運動が起こると、朴正熙は戒厳令《かいげんれい》を発して反対運動を抑え込みます。こうして1965年6月22日、「日本国と大韓民国との間の基本関係に関する条約（日韓基本条約）」が締結されます。この条約には、日本が韓国を朝鮮半島の正統な政権と認めること、無償経済協力3億ドル、政府借款《しゃっかん》2億ドル、商業借款3億ドルを供与すること、在日韓国人の日本での永住権を認めることなどが盛り込まれました。

このとき韓国政府は、徴用工や慰安婦などに対する賠償請求権をうやむやにしたまま、経済援助資金という形で日本と合意し、国交を回復させました。この対処はのちに猛批判を浴びます。対して日本は、日韓基本条約にのっとって、朝鮮半島（北朝鮮の分も含む）における戦後補償（賠償）は解決したという立場をとることになります。

またアメリカの要請を受け、1964年からベトナム戦争に参加します。韓国軍がベトナム戦争で投入した兵数は終戦までにのべ23万人にものぼります。さらに、兵士以外の技術者や労働者も派遣されています。韓国軍の派兵は自国に特需をもたらします。ベトナム戦争が終息する1972年までの貿易収支受取額は2億8000万ドル、貿易外収支の受取額は7億4000万ドルに達しました。当時のレートで約3600億円、現代の価値に換算すると約1兆5000万円に相当します。

日韓基本条約で得た8億ドルと、ベトナム特需が生んだ10億ドル以上の外貨獲得は、1967年から始まる第二次五カ年計画の大きな財源となります。その財源をもとに、各地で工業化が推進されます。工業化により地方が取り残されると、1971年からは「新しい村」を意味するセマウル運動を推進し、農村の近代化を目指します。1960年代後半から始まった韓国の高度経済成長は、のちに「漢江の奇跡」と呼ばれます。

大統領が暗殺される⁉

経済が上向いたことにより、1967年の大統領選挙で朴正熙は再選を果たします。その翌年1月、38度線を越えて侵入してきた北朝鮮ゲリラに、青瓦台が襲撃を受けます。朴正熙はこの「青瓦台襲撃事件」の報復として、金日成を暗殺するための部隊を密かに結成します。ところが、北朝鮮が南北会談の実施を求めてきたことから、1971年以降、北への対立姿勢が弱まり、金日成暗殺計画は立ち消えとなりました。

しかし、いざ臨んだ南北会談は物別れに終わります。両国は、たがいに自国の主張を曲げず相手を非難したからです。会談の決裂によって両国は再び対立姿勢を強めます。北朝鮮では憲法が改正されて金日成が国家主席になると、ソ連と中国から距離を置き、自分たちで共産主義を実現する主体思想《チュチェ》を唱え、独自の共産主義体制を築きます。

対する朴正熙は、1972年10月、突如として戒厳令を発令し、「十月維新」と呼ばれる改革を断行します。そのなかの1つに憲法改正があります。この維新憲法によって大統領の任期が延長された政治体制である第四共和国が始まります。

なお、この改革前の大統領選で朴正熙は再選しますが、野党で保守勢力である新民党の大統領候補となった金大中《キムデジュン》が大きく票を伸ばしました。危機感を抱いた朴正熙は1973年8月、日本に滞在中の金大中をKCIAに拉致させます。この事件にはアメリカも介入し、金大中は暗殺されることなく、数日後にソウルの自宅付近で解放されました。

その後も朴正熙は、国家保安法や反共法などを用いて、自身の反対勢力の取り締まりを強化します。1974年には、在日韓国人の文世光《ムンセグァン》の狙撃により、朴正熙の妻が命を落とす文世光事件が起こっており、反対勢力への弾圧を強めていきます。この朴正煕の独裁を支えたのがＫＣＩＡでした。ところが、１９７９年10月26日、朴正煕は宴会中に側近ともいえるＫＣＩＡの部長に暗殺されます。犯人が自供しないまま、翌年に処刑されたため、殺害の動機は明らかになっていません。

大統領が暗殺されたことで、首相だった崔圭夏《チエギユハ》が大統領となります。崔圭夏は外務官僚から朴正煕の側近となり、外務大臣を経て首相となった人物です。崔圭夏は、朴正煕の国葬を営み、金大中など政治犯とされていた人々の恩赦《おんしや》（罪の免除）を行いました。これにより「ソウルの春」と呼ばれる民主化の機運が国民の間で高まります。

ところが、１９７９年12月、保安部長で少将だった全斗煥《チヨンドウフアン》によるクーデターが発生します。軍の実権は、全斗煥らが結成した一心会《イルシムフエ》が握り、政権に圧力をかけます。民主化の流れと逆行した軍事クーデターに反発した民衆は、各地でデモを行います。この動きを抑え込もうと全斗煥は戒厳令を発し、不穏《ふおん》分子として金大中を再逮捕しました。

金大中の地盤であった慶州南道光州市はとくにデモが盛んだったため、最精鋭の空挺《くうてい》部隊が投入されました。１９８０年5月18日、デモ学生や市民と軍が衝突する光州事件が起こります。この武力鎮圧によって多くの死傷者が出ました。しかし、当時の光州市は軍に封鎖されていたうえ、情報統制によって国内でこのことは報道されませんでした。一方、光州に潜入したドイツ人記者によって海外でこの事件が報道されました。国内で事件のことが明らかになるのは、民主化されたあとのことでした。

権力基盤を固めた全斗煥は、光州事件を扇動したとして金大中に死刑を宣告します。さらに崔圭夏を辞任させると、みずから新大統領に就任しました。続いて、新憲法を発布し、大統領の任期を7年に延長（再選禁止）する第五共和国へと移行させます。

経済成長で高まる民主化運動

全斗煥政権は独裁を堅持しつつ、1982年より新たな五カ年計画を推進します。80年代後半には、ウォン安、原油安、金利安の「三低好況」に支えられ、経済は順調に成長していきます。

経済発展にともなって大衆文化も発達します。テレビは韓国放送公社（KBS）と文化放送（MBC）、基督教《キドッキョ》中央放送（CBS）の3社に統合されました。1970年には6・4%だったテレビ普及率は、1980年には97・6%に達しています。その1980年には電波塔である南山ソウルタワーの一般公開が始まり、以来、ソウル市のランドマークとなっています。テレビではドラマやバラエティー番組なども制作されるようになります。新聞は『東亜日報』と『朝鮮日報』に加え、『中央日報《チュンアン》』と『韓国日報』を加えた四大紙が出そろい、スポーツ紙や経済紙なども発行されるようになります。

けれども、これらテレビ番組や新聞各紙は、政府からの検閲や弾圧を受けました。対して、民主化運動に参加したことで職を失った記者たちが立ち上げた『ハンギョレ新聞』が、多くの読者を獲得します。ハンギョレとは「1つの民族」という意味です。

全斗煥の文化開放は3S（スクリーン、セックス、スポーツ）政策ともいわれます。スクリーンではカラーテレビの普及、セックスでは夜間外出禁止令の撤廃による歓楽街の発展、スポーツでは夏季オリンピックを誘致し、1982年には韓国プロ野球リーグが、翌年にはサッカーのスーパーリーグ（現在のKリーグ）が発足します。

このころになると、経済発展にともない増大した中産階級が政権批判を展開するようになります。すると、オリンピック開催を翌年に控えた1987年、高まる民主化の声に、与党・民主正義党（民生党）の代表である盧泰愚《ノテウ》は「6・29民主化宣言《ミンジュファアソノン》」を発表し、民主化の声を鎮静化させます。一連の民主化運動は「六月抗争《ユウオルハンジエン》」と呼ばれます。盧泰愚は軍人だったころから全斗煥の盟友でした。ところが、これまでの軍人出身の大統領とは異なる方策を打ち出し、民主的な大統領選の実施と改憲を約束します。これにより全斗煥は失脚し、第五共和国は崩壊します。

　ちなみに、1960年代の釜山市を皮切りに直轄市（1995年より広域市）が設置され、1980年代には仁川市、大邱《テグ》市、光州市、大田市、1990年代には蔚山市が昇格しています。釜山は世界有数のハブ港（海上輸送の中継拠点）を有する港湾都市であり、韓国では2番目の大都市です。仁川には国際空港が置かれ、大邱や蔚山は工業都市として発展し、光州や大田も開発が進められています。さらに2000年代になると、済州特別自治道のほか、韓国南部に首都機能を一部移転した世宗《セジョン》特別自治市が新設され、2021年現在の行政区画となりました。

　1987年の大統領選挙では、野党が金泳三《キムヨンサム》派と金大中派に分裂したため、与党・民正党の盧泰愚が当選しました。盧泰愚は新憲法が発布されると、公約どおり民主化を進めます。新憲法では大統領は直接選挙で選ばれ、任期は再選なしの5年となり、大統領の権限が弱められた反面、国会の権限が強くなりました。これを第六共和国といい、２０２１年現在まで続く韓国の基本的な政治体制となっています。

１９８８年にはソウルで夏季オリンピックが開かれます。韓国の国技となったテコンドーが披露され、以後のオリンピックで正式種目とされるなど成功裏《せいこうり》に終えています。なお、北朝鮮はこの大会への参加をボイコットしています。その一方、１９９１年には北朝鮮とともに国連への南北同時加盟を果たすと、共産圏との関係改善も進め、ソ連や中国とも国交を結びました。

オリンピック開催後、初となる国会議員選挙の結果、野党が多数を占めます。そこで盧泰愚は、金鍾泌が率いる新民主共和党と組み、新たに民主自由党を発足します。１９

現行の韓国の政治体制

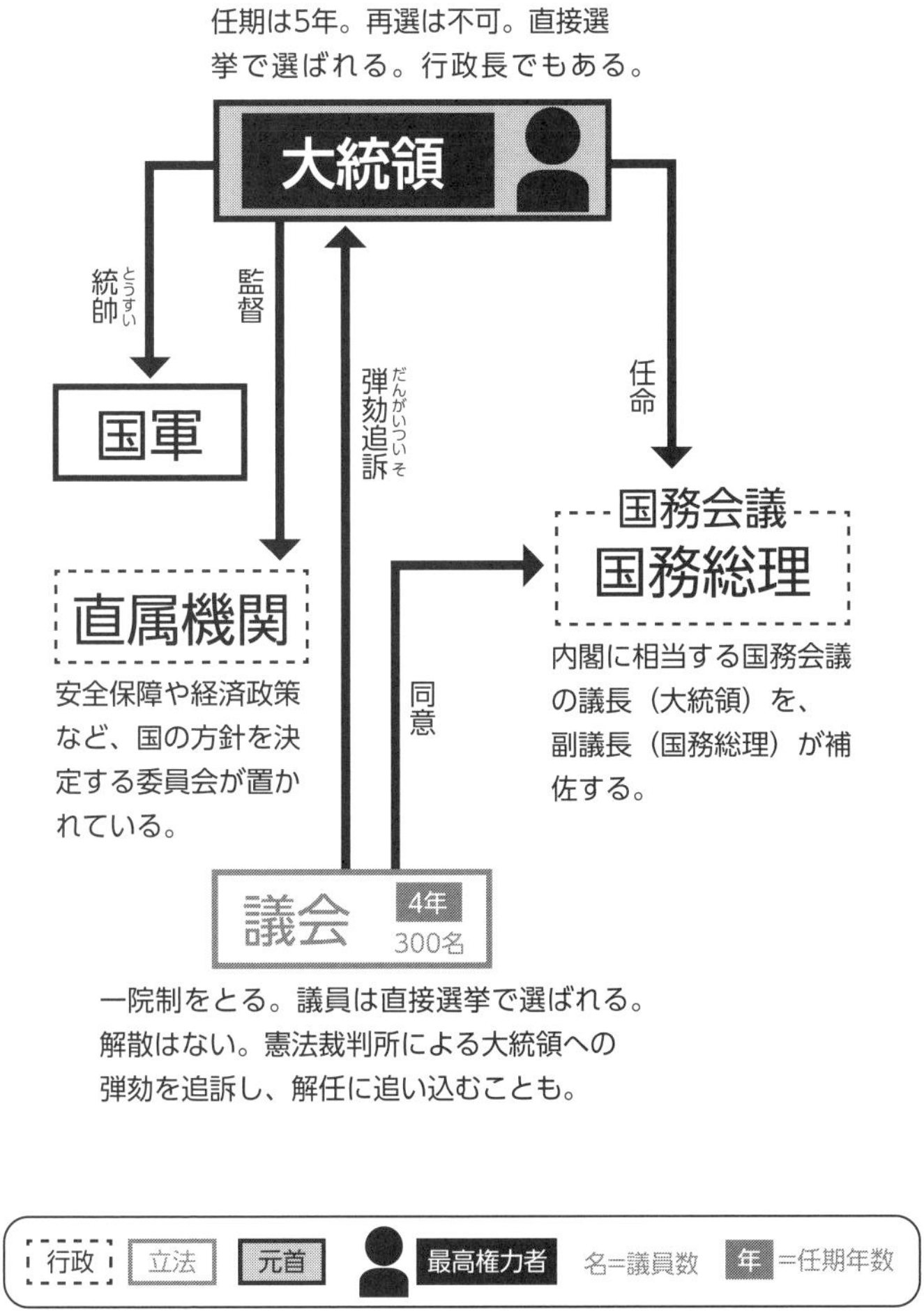

任期は5年。再選は不可。直接選挙で選ばれる。行政長でもある。
大統領
統帥《とうすい》
監督
弾劾追訴《だんがいついそ》
任命
国軍
国務会議
国務総理
直属機関
安全保障や経済政策など、国の方針を決定する委員会が置かれている。
同意
内閣に相当する国務会議の議長（大統領）を、副議長（国務総理）が補佐する。
議会
4年
300名
一院制をとる。議員は直接選挙で選ばれる。解散はない。憲法裁判所による大統領への弾劾を追訴し、解任に追い込むことも。
行政
立法
元首
最高権力者
名=議員数
年 =任期年数

92年の大統領選ではその民主自由党の代表となった金泳三が大統領に選ばれます。

軍人出身ではない文民大統領として、金泳三には国民から大きな期待がかけられました。金泳三は政権内の軍人勢力を一掃すると、四月革命や光州事件での政府の弾圧を再検証するなど、「歴史の再評価」を行いました。この結果、民主化運動を弾圧した罪で全斗煥と盧泰愚が逮捕されます。

経済は新興工業経済地域（NIES）型の急成長が進み、1995年には国民総生産（GNP）は1万ドルを突破し、翌年には経済協力開発機構（OECD）に加盟します。

順調に経済発展していた1997年、アジア通貨危機の影響が韓国に襲いかかります。きっかけは財閥の倒産でした。戦後に勢力を伸ばした三星、ラッキー金星《クムソン》、現代、大宇《テウ》の四大財閥は、韓国経済を牽引してきました。しかし、財閥に無担保で融資していた銀行の不良債権がふくらむと、中堅財閥が相次いで破産し、さらに不良債権の回収に動いた銀行により大手財閥も倒産の危機を迎えます。そのうえ、ウォンの価値も下落します。

この経済危機を乗り切るために、韓国は国際通貨基金（IMF）に支援を要請します。韓国はIMFから550億ドルの支援を受ける代わりに、金融自由化や財閥改革を求められます。韓国ではこの経済危機を「IMFショック」と呼びます。

この経済危機の最中、次男の汚職が発覚した金泳三は失脚します。以後、大統領の在任中や退任後、不正が暴露されるということが常態化するようになります。金泳三の辞任を受けて行われた1997年の大統領選で勝利したのは、民主運動家として軍事政権期から長年にわたって弾圧を受けていた金大中でした。

太陽政策でノーベル賞を受賞

1998年に大統領となった金大中は、まず経済危機を立て直そうと、財閥の再編を進めます。大宇財閥は消滅し、現代財閥は解体されましたが、起亜《キア》自動車と合弁した現代自動車が台頭します。ラッキー金星はLG電子として、電子機器分野に進出して復活しました。三星もサムスンとして携帯電話事業に注力します、この結果、現在はサムスン、現代自動車、LG電子、そして携帯電話会社SKテレコムで知られるSKグループが、新たな四大財閥と呼ばれています。以後の韓国は、IT先進国として世界に進出していくことになります。

続いて金大中は「太陽政策」を掲げます。これはイソップ童話の「北風と太陽」をモチーフに敵対勢力とも仲良くしようという宥和政策です。過去に自分を拉致した朴正煕政権や全斗煥政権を追求せず、北朝鮮や日本とも友好関係を築こうとします。この方針のもと、1994年に死去した金日成の跡を継いだ金正日《キムジョンイル》と、2000年に初の南北首脳会談を実現します。このことが評価された金大中はノーベル平和賞を受賞しました。

日本に対しても段階的に文化開放を行い、日本の音楽やドラマなどが韓国で楽しめるようになります。反対に韓国の映画や音楽なども日本に伝わります。2002年には日本とサッカーワールドカップを共同開催し、両国の距離は縮まりました。

ところがその金大中も、息子らの汚職が明らかになると支持率が急落し、2000年の国会議員選挙では、民主自由党の流れをくむハンナラ党が第一党となります。ワールドカップ後の2002年の大統領選には金大中が発足させた新千年民主党の大統領候補となった盧武鉉《ノムヒョン》が当選します。けれども、盧武鉉も就任直後から家族の不正疑惑が持ち上がり、野党が多数を占める議会から猛批判を浴び、政権運営に支障をきたします。

2000年代の韓国経済は安定期に入り、90年代に「386世代（60年代生まれで80

年代に学生運動を担った30代)」と呼ばれた革新派は、団塊《だんかい》の世代として保守化します。その一方で経済格差が広がり、とくに若者層が就職氷河期を迎えます。過酷な受験戦争を勝ち抜いて大学を卒業したにもかかわらず、就職難により最低賃金で働く若者は「88万ウォン世代」と呼ばれました。

21世紀も続くバランス外交

2007年には、野党のハンナラ党から出馬した元ソウル市長の李明博《イミョンバク》が大統領選に立候補して大勝します。李明博は、北朝鮮や日本、アメリカや中国、ロシアと全方位で関係強化をはかるグローバル外交を提唱しました。2003年～2004年に日本でも放映されたテレビドラマ『冬のソナタ』がヒットしたことによる韓流ブーム、東方神起などのK-POPアイドルブームにより、日韓両国の往来は活性化します。2008年のリーマンショックの影響を受け、ウォンが暴落しますが、日本などとの通貨スワップで立ち直り、2010年にはG20の開催国にもなります。

2013年、任期満了にともない李明博が大統領を辞したのち、大統領選挙が行われた結果、ハンナラ党から党名を変更したセヌリ党の朴槿恵《パククネ》が大統領に就任します。朴槿恵は朴正熙の娘で、韓国としてはもちろん、東アジア初の女性の国家元首です。

朴槿恵は、父の功績にあやかった経済成長と文化振興による国民の幸福を公約とします。しかし、２０１４年のセウォル号沈没事件での対応の遅れをはじめ、個人的に親しい人物に便宜《べんぎ》をはかっていたことが発覚し、猛批判を浴びます。このころの韓国では格差が拡大し、財閥の子女による横暴が表面化する一方で、失業者が急増し、不安定な生活から恋愛、結婚、出産を放棄した若者たちは「三抛世代《サムポセデ》」と呼ばれました。

２０１６年末、朴槿恵の罷免を求める声が増大し、デモに発展します。これを受けて国会では弾劾訴追案が可決され、朴槿恵は民主化時に憲法で規定された大統領の弾劾制度が初めて適用されて罷免されました。朴槿恵の罷免でセヌリ党が解体に追い込まれたのちの大統領選では、野党の共に民主党の文在寅《ムンジェイン》が圧勝します。なお、解体後のセヌリ党は、自由韓国党を経て、国民の力と改称しました。

文在寅は弁護士出身で、２０１２年の大統領選では、新千年民主党などの流れをくむ民主統合党の大統領候補でしたが、このときは敗北していました。就任した文在寅は、朴槿恵の不正を暴き、深刻化していた失業問題にも取り組みます。外交面では宥和路線を受け継ぎ、2018年には、金正日の後継者となった金正恩《キムジョンウン》と南北首脳会談を実現します。同年の平昌では冬季オリンピックが開催され、北朝鮮選手団も参加しています。

こうした北朝鮮への宥和政策でしたが、大きな転機を迎えます。2022年3月に行われた大統領選挙において、与党であった共に民主党に所属する李在明《イジエミヨン》が破れ、最大野党であった国民の力に所属する尹錫悦《ユンソンニヨル》が新たに大統領となったからです。そして、発足した尹政権はアメリカや日本との関係修復に動いています。

歴史上、朝鮮半島の国家は、時に大国の庇護を受け、時にあらがいながら存続してきました。現代もアメリカと中国という二大国に挟まれ、日本と北朝鮮という隣国との複雑な関係が残る韓国では、国際社会を渡り歩くバランス感覚がつねに試されています。

ひみつコラム

韓国の国旗

中国由来の思想を独自にアレンジ

朝鮮半島には、仏教や儒教以外に、風水などの思想も中国から伝わっていました。韓国の国旗が「太極旗《テグッキ》」と呼ばれるのも、この思想の1つがもとになっています。

「太極《たいきょく》」とは、古代中国の経典『易経《えききょう》』に出てくる言葉であり、「万物《ばんぶつ》は太極から両儀《りょうぎ》が分かれ、それから四象《ししょう》が生じ、四象が八卦《はっけ》となる」という思想です。万物とは、人から草木まで世界に存在するあらゆるもののことです。太極はその根源であり、そこから両儀（陰《いん》と陽《よう》）に分かれます。陰陽は男と女、天と地、昼と夜など世界を二分するものです。その陰陽から四象、八卦と、細胞分裂のように分かれていきます。八卦というと、日本では占いのイメージがあるかもしれませんが、もともとは世界の成り立ちを表したものなのです。

朝鮮時代の国王旗には、この太極や八卦があしらわれていましたが、国旗ではありませんでした。時代は進み、朝鮮時代末期に諸外国と条約を結ぶ際、現在の国旗の原形が考案されます。ただし、考案者や作成日は諸説ありはっきりしません。このときの旗は、日本統治下において太極旗と呼ばれ、独立運動家の間で浸透していきます。そして大韓民国成立後の1949年、正式な国旗として定められたのです。

2007年には大韓民国国旗法が定められ、色や配置などデザインが統一されました。

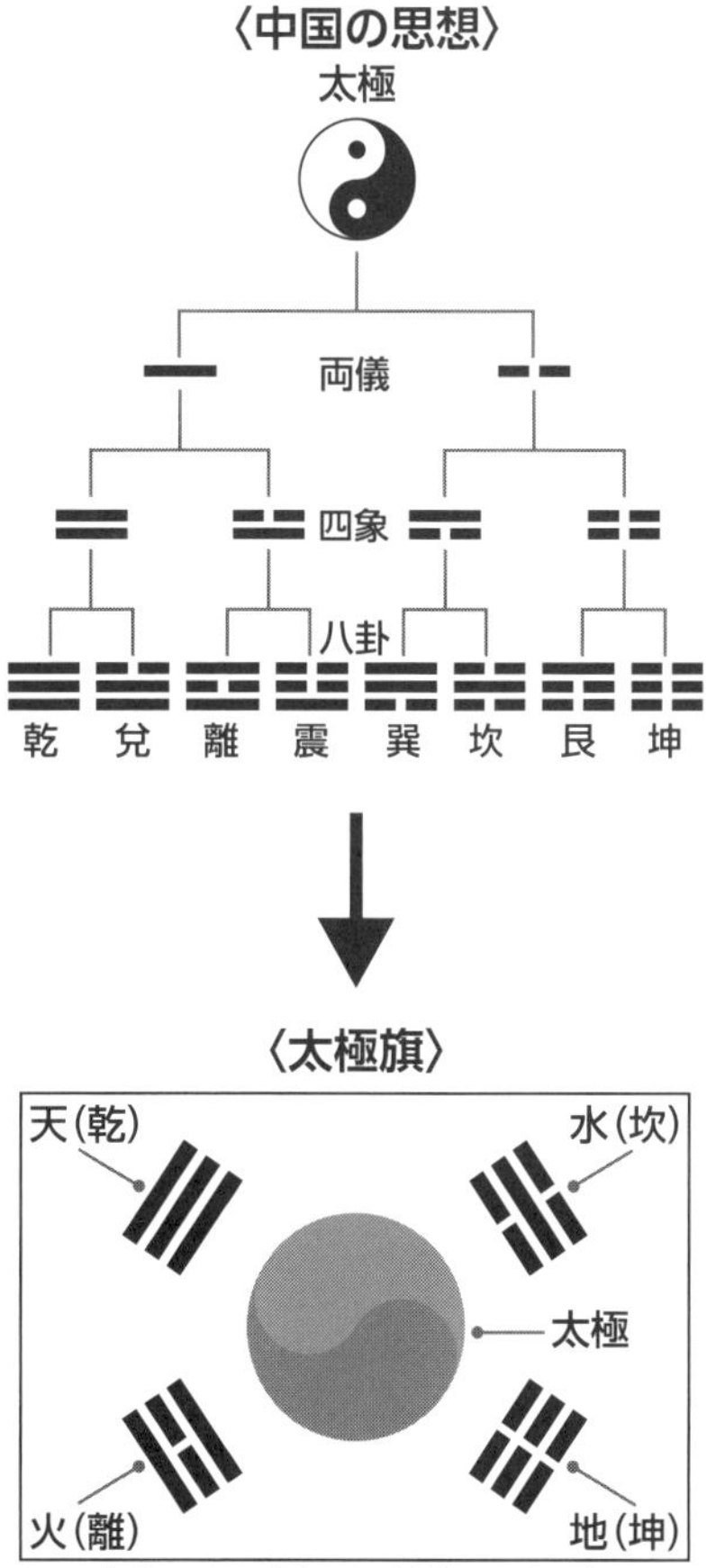

白地……国土(平和・純粋さを表す)
太極……国民(赤は陽、青は陰を表す)
四卦……政府(万物の対立と均衡を表す)

朝鮮半島と中国の主な王朝・国家・時代

※「〜」の線は建国時期があいまいなこと、空白は明確な国家がないことを表しています。「⬇」はその期間での王朝の移り変わりを表しています。

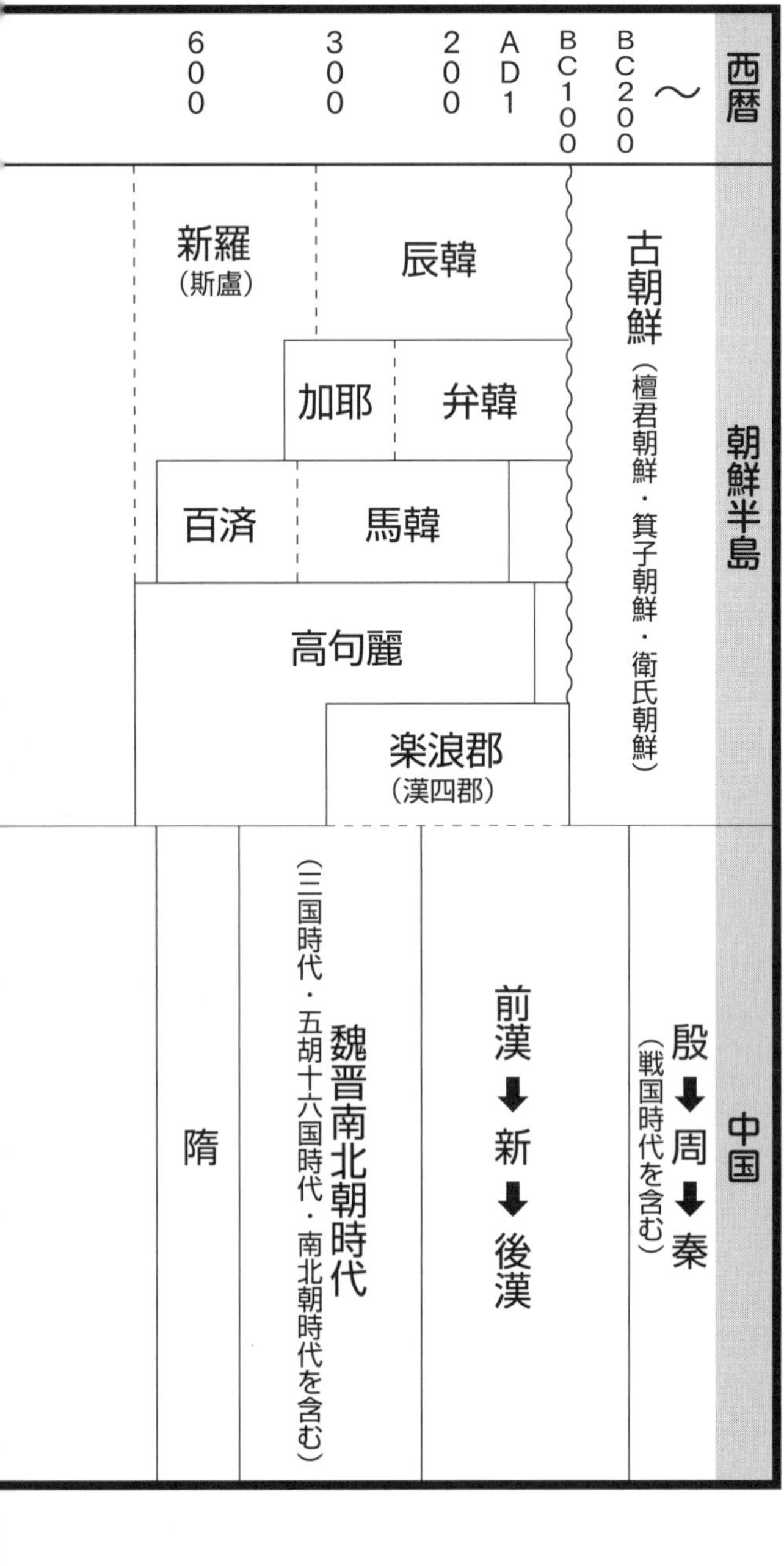

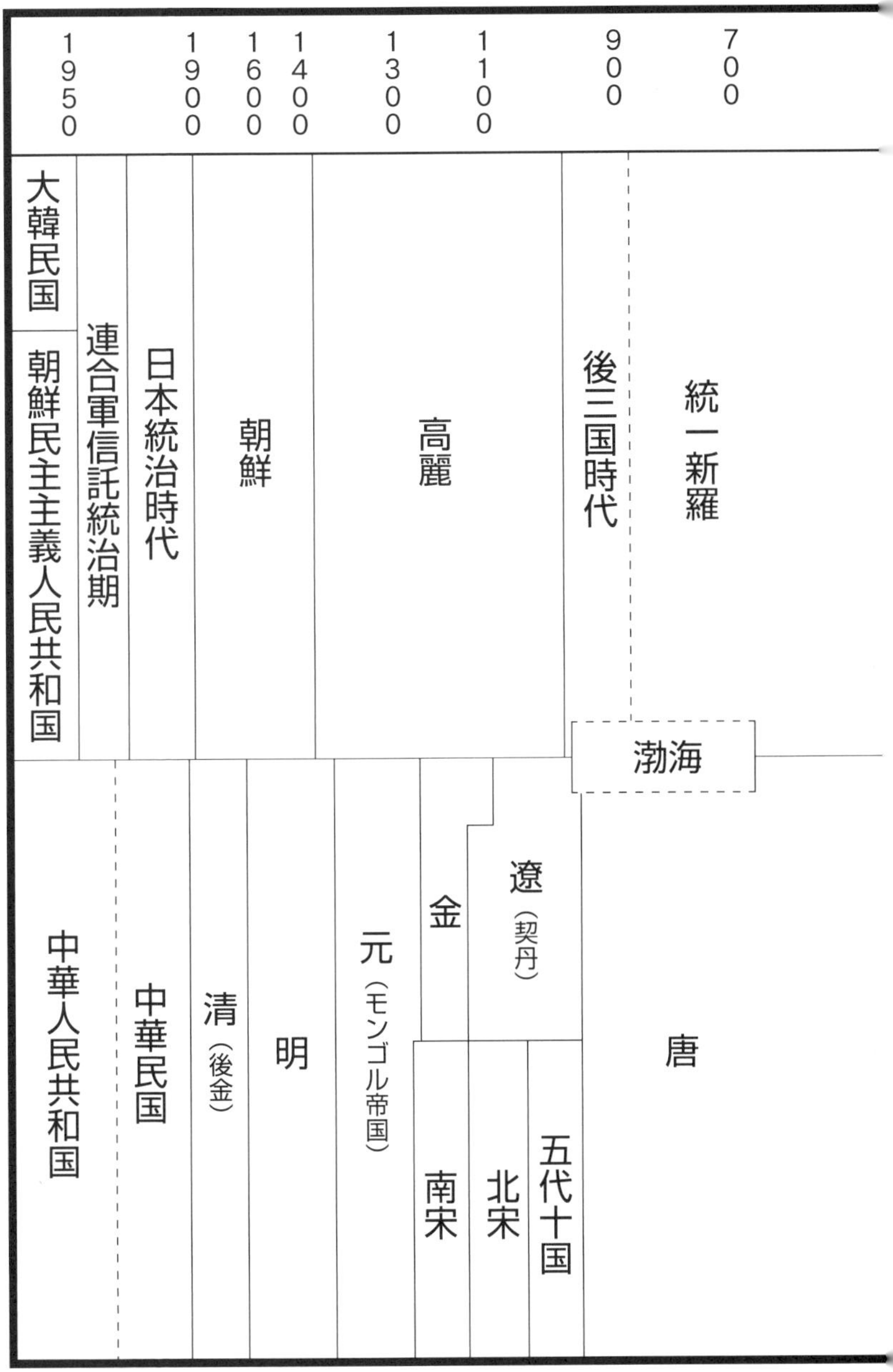
1950
1900
1600
1400
1300
1100
900
700
大韓民国
朝鮮民主主義人民共和国
連合軍信託統治期
日本統治時代
朝鮮
高麗
後三国時代
統一新羅
渤海
中華人民共和国
中華民国
清（後金）
明
元（モンゴル帝国）
金
遼（契丹）
南宋
北宋
五代十国
唐

朝鮮半島の歴史 年表

この年表は本書であつかった朝鮮半島を中心につくってあります。下段の「世界と日本のできごと」と合わせて、理解を深めましょう。

年代	朝鮮半島のできごと	世界と日本のできごと
〈紀元前〉		
195	衛氏朝鮮が建国	世界 前漢が成立（202）
108	衛氏朝鮮が漢に滅ぼされ、漢四郡が置かれる	世界 『史記』が成立（90年ごろ）
〈紀元〉		
313	高句麗が楽浪郡を滅ぼす	世界 ミラノの勅令（313）
5世紀前半	広開土王碑が建立	日本 倭国軍が新羅を攻撃（4世紀）
538（552）	聖王が日本に使者を送る	日本 仏教伝来（538／552）
562	加耶が滅亡	日本 磐井の乱（527）
612	隋の第二次遠征軍に高句麗が大勝	日本 法隆寺の創建（607）
632	朝鮮半島初となる女王（善徳女王）が誕生	世界 ウマイヤ朝が成立（661）

660	百済が滅亡	日本 白村江の戦い（663）
668	高句麗が滅亡し、新羅が朝鮮半島を統一	日本 壬申の乱（678）
698	震国（渤海）が建国	日本 大宝律令が成立（701）
900	後百済が建国	日本『古今和歌集』が成立（905）
901	後高句麗（摩震／泰封）が建国	世界 唐が滅亡（907）
918	後高句麗が滅び、高麗が建国	世界 ノルマンディー公国が成立（911）
926	渤海が滅亡	日本 延喜式が成立（927）
935	新羅が滅亡	世界 ブワイフ朝が成立（932）
936	後百済が滅び、高麗が朝鮮半島を統一	日本 平将門の乱（939）
958	科挙を導入	世界 北宋が成立（960）
11世紀後半	『大蔵経』（初彫大蔵経版）が完成	日本 白河上皇が院政開始（1086）
1126	李資謙の乱が起こる	世界 北宋が滅亡（1127）
1135	妙清の乱が起こる	世界 ポルトガル王国が成立（1143）
1145	『三国史記』が成立	世界 第2回十字軍遠征（1147）
1170	武臣政権が始まる	日本 平清盛が太政大臣に（1167）

年代	朝鮮半島のできごと	世界と日本のできごと
1231	モンゴル帝国が高麗に侵攻	【日本】承久の乱（1221）
1251	『大蔵経』（再彫大蔵経）が完成	【世界】アッバース朝が滅亡（1258）
1259	モンゴル帝国に服属	【日本】北条時宗が執権に（1268）
13世紀末	『三国遺事』が成立	【世界】オスマン帝国が成立（1299）
1388	李成桂らによる威化島回軍	【日本】土岐康行の乱（1389）
1392	高麗が滅亡し、朝鮮が建国	【日本】南北朝合一（1392）
1394	漢陽（現在のソウル市）に遷都	【日本】足利義満が太政大臣に（1394）
1419	太宗による己亥東征	【日本】応永の外寇（1419）
1446	世宗が訓民正音を公布	【世界】ビザンツ帝国が滅亡（1453）
1506	燕山君を廃し、中宗が即位（中宗反正）	【世界】サファヴィー朝が成立（1501）
1510	三浦倭乱	【日本】三浦の乱（1510）
1592	壬辰倭乱	【世界】アルマダの海戦（1588）
1597	丁酉倭乱	【世界】ユグノー戦争が終結（1598）
1609	対馬の宗氏との間で己酉約条を締結	【世界】ロマノフ朝が成立（1613）

1623	光海君を廃し、仁祖が即位（仁祖反正）	日本 徳川家光が将軍即位（1623）
1637	清との間で三田渡の盟約を締結し、清に服属	日本 参勤交代が確立（1635）
1678	常平通宝を発行	世界 名誉革命が勃発（1688）
1876	日本との間で江華条約を締結	日本 日朝修好条規（1876）
1894	甲午農民戦争が勃発	日本 日清戦争が勃発（1894）
1897	大韓帝国が成立	世界 第1回近代オリンピック（1896）
1910	日本との間で併合条約を締結	世界 辛亥革命（1911）
1919	三・一運動が起こる	日本 米騒動（1918）
1945	日本の統治が終わり、連合軍による統治が始まる	世界 国際連合が創設（1945）
1948	大韓民国、朝鮮民主主義人民共和国が樹立	日本 労働組合法が成立（1949）
	連合軍の統治が終わる	世界 中華人民共和国が成立（1949）
1950	朝鮮戦争が勃発	世界 東西ドイツに分裂（1949）
1953	朝鮮戦争が休戦	日本 自衛隊が発足（1954）
1991	国際連合に加盟	世界 湾岸戦争が勃発（1991）
2002	日韓ワールドカップ開催	世界 イラク戦争が勃発（2003）

参考文献

『新版 世界各国史２ 朝鮮史』武田幸男編（山川出版社）

『世界歴史大系 朝鮮史1 先史～朝鮮王朝』李成市、宮嶋博史、糟谷憲一編(山川出版社)

『世界歴史大系 朝鮮史2 近現代』李成市、宮嶋博史、糟谷憲一編(山川出版社)

『朝鮮の歴史 新版』朝鮮史研究会編(三省堂)

『韓国朝鮮の歴史と文化―古代から現代まで―』須川英徳、三ツ井崇（放送大学教育振興会）

『日本と朝鮮 ： 比較・交流史入門 近世、近代そして現代』原尻英樹、六反田豊、外村大編（明石書店）

『≪世界史リブレット≫ 043.朝鮮の近代』糟谷憲一（山川出版社）

『≪世界史リブレット≫ 067.朝鮮からみた華夷思想』山内弘一（山川出版社）

『≪世界史リブレット≫ 099.モンゴル帝国の覇権と朝鮮半島』森平雅彦（山川出版社）

『≪世界史リブレット人≫ 037.李成桂―天翔る海東の龍』桑野栄治（山川出版社）

『≪世界史リブレット≫ 110.朝鮮王朝の国家と財政』六反田豊（山川出版社）

『両班（ヤンバン） ―李朝社会の特権階層』宮嶋博史（中公新書）

『世界の歴史12 明清と李朝の時代』岸本美緒・宮嶋博史（中公文庫）

『「悪の歴史」東アジア編〔下〕 南・東南アジア編』上田信編著（清水書院）

『朝鮮現代史』糟谷憲一、並木真人、林雄介（山川出版社）

［監修］
六反田豊（ろくたんだ・ゆたか）
1962年、鹿児島県生まれ。東京大学大学院人文社会系研究科教授。博士（文学）。専門は朝鮮中世・近世史。著書に『朝鮮王朝の国家と財政』『日本と朝鮮 比較・交流史入門』（共編著）ほか。

編集・構成／造事務所
ブックデザイン／井上祥邦（yockdesign）
文／菊池昌彦
イラスト／ suwakaho
写真／ Shutterstock

世界と日本がわかる　国ぐにの歴史

一冊でわかる韓国史

2021年11月20日　初版発行
2023年12月30日　5刷発行

監　修　　六反田豊

発行者　　小野寺優
発行所　　株式会社河出書房新社
〒151-0051
東京都渋谷区千駄ヶ谷2-32-2
電話03-3404-1201（営業）
03-3404-8611（編集）
https://www.kawade.co.jp/
組　版　　株式会社造事務所
印刷・製本　TOPPAN株式会社

Printed in Japan
ISBN978-4-309-81111-6

この国にも注目！

ISBN978-4-309-81103-1

ISBN978-4-309-81102-4

ISBN978-4-309-81101-7

ISBN978-4-309-81106-2

ISBN978-4-309-81105-5

ISBN978-4-309-81104-8

ISBN978-4-309-81109-3

ISBN978-4-309-81108-6

ISBN978-4-309-81107-9

ISBN978-4-309-81112-3

ISBN978-4-309-81111-6

ISBN978-4-309-81110-9